फिर कभी आना

[कविता-संकलन]

फिर कभी आना

सीताकान्त महापात्र

अनुवाद

राजेन्द्र प्रसाद मिश्र

राजकमल प्रकाशन

ISBN : 978-81-267-2802-2

मूल्य : ₹ 350

पहला संस्करण : 2016

प्रकाशक : राजकमल प्रकाशन प्रा. लि.
1-बी, नेताजी सुभाष मार्ग, दरियागंज
नई दिल्ली-110 002

शाखाएँ : अशोक राजपथ, साइंस कॉलेज के सामने, पटना-800 006
पहली मंजिल, दरबारी बिल्डिंग, महात्मा गांधी मार्ग, इलाहाबाद-211 001
36 ए, शेक्सपियर सरणी, कोलकाता-700 017

वेबसाइट : www.rajkamalprakashan.com
ई-मेल : info@rajkamalprakashan.com

मुद्रक : बी.के. ऑफसेट
नवीन शाहदरा, दिल्ली-110 032

PHIR KABHI AANA
Collection of poems by Sitakant Mahapatra
Translated by Rajendra Prasad Mishra

गहरे जीवन-राग की कविता

सीताकान्त महापात्र का ताजा काव्य-संग्रह 'फिर कभी आना' मेरे सामने है। हिन्दी में उनके अन्य संग्रहों की तरह इसमें भी एक अलग ढंग की आदिम और आधुनिक मिट्टी की गन्ध की एक मिली-जुली घुलावट है। मेरे मन पर पहला प्रभाव इस नई कृति का यही पड़ा। संग्रह का शीर्षक 'फिर कभी आना' गहरे संकेत से भरा है, जिसकी ध्वनि जीवन की कुछ मूलभूत तात्विक सच्चाइयों को छूती है। जीवन के लबालब आकर्षण से भरा हुआ यह वरिष्ठ कवि मानो भौतिक अपरिहार्यता अर्थात मृत्यु को नकारते हुए यहाँ अनेक ऐसी कविताओं का सृजन करता है जो अपने मूल में प्राकृतिक यथार्थ और जीवन के सृजन-तत्त्व दोनों की साथ-साथ अभिव्यक्ति करती हैं। प्रकृति और जीवन का यह अभेद्य जुड़ाव समकालीन भारतीय कविता में केवल सीताकान्त महापात्र के यहाँ दिखाई पड़ता है। 'नक्सल' शीर्षक कविता में एक भयावह रक्तपात के दृश्य को जिस तरह कवि प्रस्तुत करता है वह उसके विलक्षण कलात्मक कौशल का उदाहरण है। उस पूरे दृश्य के ऊपर उड़ती हुई चिड़िया को देखकर कवि का यह कथन एक बेहद तिलमिला देनेवाला चित्र है—

वह चिड़िया ही
गाँव को परिभाषित करती है।

हिंसा का भयावह दृश्य और ऊपर उड़ती हुई चिड़िया इन दोनों के विरोध से एक अद्‌भुत दृश्य उभरता है जो इस कवि की गहरी सृजन क्षमता को सूचित करता है।

पचास सुगठित कविताओं का यह संग्रह जितना अपने कलात्मक कसाव के लिए जाना जाएगा, उतना ही अपने विषय-वस्तु की नवीनता के लिए भी। पूरा संग्रह उत्कट जिजीविषा को ध्वनित करता है जो इसका विशिष्ट चरित्र-लक्षण है।

सीताकान्त जी एक जाने-माने नृतत्त्वशास्त्री भी हैं और उनका यह गहन अध्ययन कितने सरल सहज ढंग से कविताओं में छनकर आता है, यह संग्रह इसका एक विरल उदाहरण है। निराला ने कहा था, 'अभी न होगा मेरा अन्त'। निराला ने यह बात अपनी एक यौवन-कालीन कविता में कही थी। सीताकान्त जी का यह संग्रह एक वय:प्राप्त कवि की कृति है, पर जीने की वही ललक यहाँ भी दिखाई पड़ती है। 'ऐसी निदाघ ऋतु में' शीर्षक कविता में सम्भावित दुर्निवार को जिस तरह यह कवि देखता है और धता बताता है, वह उसकी गहरी जीवनेच्छा का प्रमाण है। कविता की अन्तिम पंक्तियाँ हैं (जो किसी अदृश्य को सम्बोधित हैं)—

जब जगकर मुझे ढूँढ़ेंगे
आराम से चित्रोत्पला नदी किनारे
रेत की सेज पर मैं सो रहा होऊँगा।
तुम्हारे आने की आहट जैसे ही मिलेगी
गहरे पानी में छलाँग लगा दूँगा और
जलकौए-सा डूब रहा होऊँगा, ऊपर उठ रहा होऊँगा;
युग बीत जाएगा
ऐ मृत्यु देव! आप जरूर धैर्य खो बैठेंगे
और सिर झुकाए चुपचाप लौट जाएँगे।

अनेक लोककथाओं को अपने काव्यात्मक परिणति तक ले जानेवाली इस संग्रह की कई कविताएँ देर तक स्मृति में टिकी रहनेवाली शब्द-सृष्टियाँ हैं। परन्तु सबसे अधिक मौलिक उद्भावना से भरी शायद वे कविताएँ हैं जो 'वृक्ष संहिता' नामक उपखंड में शामिल की गई हैं। वृक्ष कहते ही अनेक प्राचीन अनुषंग हमारे मन में जगते हैं पर कवि ने इन वृक्षों को आधुनिक सन्दर्भों में रखकर देखा है जो साधारण आदमी के सुख-दुख से जुड़े हैं। काव्य की आर्ष गरिमा को वृक्ष के माध्यम से जीवन के ठोस धरातल तक उतार लाने की कवि की यह क्षमता हमें कई स्तरों पर प्रभावित करती है और कई बार चकित भी। वृक्ष संहिता की अन्तिम कविता वृक्ष और कवि के बीच का मार्मिक संवाद है, जो इस तरह शुरू होता है—

मैंने पूछा : बारिश में पूरी तरह भीगकर काँप रहा है
छतरी दूँ क्या?
तूने कहा : छतरी तो है मेरे पास जन्म से ही
बहुत बड़ी छतरी

उसमें टँके हैं बादल, सूरज
चाँद और सितारे।
गलत देखा तुमने;
काँप नहीं रहा मैं
सिहर रहा हूँ, पुलकित हो रहा हूँ
नहाकर कोटि जन्मों का पुण्य कमा रहा हूँ
तुम्हारी यह बचकानी-सी छतरी लेकर मैं क्या करूँगा।

वृक्ष का यह कथन केवल वृक्ष का नहीं बल्कि ब्याज से स्वयं सर्जक का कथन भी है जैसे यहाँ वृक्ष और कवि एक अनन्य इकाई में ढल गए हों।

मुझे विश्वास है कि भारतीय कविता के इस समय के एक शिखर रचनाकार डॉ. सीताकान्त महापात्र के इस संग्रह को एक सर्वथा नए काव्य अवदान के रूप में देखा जाएगा और बेशक पढ़ा-सराहा भी जाएगा।

इस संग्रह के अनुवादक डॉ. राजेन्द्र प्रसाद मिश्र का नाम अपरिचित नहीं है। सीताकान्त जी और ओड़िया के अनेकानेक कवियों की कविताओं के अनुवाद वे पहले ही प्रस्तुत कर चुके हैं। 'फिर कभी आना' का अनुवाद उसी शृंखला की अगली महत्त्वपूर्ण कड़ी है जो इस अनुवादक की विकसित अनुवाद क्षमता का नया प्रतिमान है और मुझे यह कहने में कोई संकोच नहीं कि यहाँ मौलिक कृति के आस्वाद को काफी हद तक बचाए रखा गया है। इसके लिए यह अनुवादक साधुवाद का पात्र है।

—डॉ. केदारनाथ सिंह

अनुक्रम

ऋतु संहार

You must cross over Death
so you may live

Yves Bonneyfue
(French Poet)

ऐसी निदाघ-ऋतु में

आप? वह भी ऐसी निदाघ-ऋतु में?
जबकि पहाड़-सा ग्रीष्म आ धमका है,
कोई और वक्त नहीं मिला?
इतना कष्ट सहकर जब यहाँ पहुँचे
मैं सो रहा था
घनी अमराई की सघन छाया में
आँखों में आँसू सुखाकर
निदाघ की आँच से।

आप आ जरूर गए हैं
पर लगता नहीं कि
मुझे साथ लेकर लौट पाएँगे।
सोचता हूँ, इस चक्रव्यूह से निकलने की
राह आपको नहीं मिलेगी
बहुत से मित्र मेरे कई जन्मों के
घेरे हुए हैं मुझे
उनकी मजबूत मुट्ठियाँ खोलकर
मुझे खींचते हुए नहीं ले जा सकते।

राह रोक लेगी कोयल अपने गीत के
स्वर्गीय स्वर से।
आम के बौर की महक

इतनी घनी होगी कि
दोनों हाथों से हटाते हुए
आगे की ओर डग नहीं बढ़ेंगे आपके
पलाश की लाल आँखें डराएँगी
सहजन के पेड़ पर बैठा अकेला कौआ
धूप की आँच-सा गुस्साकर
अभिशाप बरसाने लगेगा।

'चलो ठीक है, धूप जरा कम हो जाए :
थोड़ी देर से सही
किसी भी तरह इसे साथ लेकर लौटूँगा'
ऐसा सोचकर आप इन्तजार करेंगे
निर्दयी हुए तो क्या हुआ
आँखों की पलकें आपकी मुँदने लगेंगी।

जब जगकर मुझे ढूँढ़ेंगे
आराम से चित्रोत्पला नदी किनारे
रेत की सेज पर मैं सो रहा होऊँगा
तुम्हारे आने की आहट जैसे ही मिलेगी
गहरे पानी में छलाँग लगा दूँगा और
जलकौए-सा डूब रहा होऊँगा, ऊपर उठ रहा होऊँगा;
युग बीत जाएगा
ऐ मृत्यु देव! आप जरूर धैर्य खो बैठेंगे
और सिर झुकाए चुपचाप लौट जाएँगे।

सम्पूर्ण वर्षा ऋतु में

सभी ऋतुओं में श्रेष्ठ बलवान
है बरसात का समय महान...ओड़िया भागवत

पहले कहा नहीं था आपको
कि फिर चाहे जब आना
वर्षा ऋतु में कभी मत आना।
वही बात दोहरा रहा हूँ।

आकाश में निकल आए बादल
पंक्ति-पंक्ति बगुलों का हार पहन
पेड़ टूटकर गिर पड़ा कदम्ब के भार से
वर्षा ऋतु आई है इस धूसर शहर में
मेरे लिए यह बात है कितनी महत्त्वपूर्ण
कैसे समझाऊँ भला महज शब्दों से।

कैसे समझाऊँ कि
छह ऋतुओं में यह ऋतु है सबसे प्रिय मुझे
जब आनन्द का ठिकाना नहीं होता
पर दुख भी होते हैं असीम
लेकिन उसके आने का है भय बहुत।

दो मुख हैं उस महाबली के :
एक घुप्पकाला मौत का, दूसरा मनमोही अप्सरा का

मैं उसका शरणागत दास
चरणों में अर्घ्य दे पूजता रहा चिरकाल;
श्यामघन बादल की पुकार से
राधा के समान मन अधीर है
घर से बाहर निकलकर
भीगना बारिश में स्वर्ग सुख है बचपन से;
पहले जैसा स्वर सुनाई दे रहा है स्वर्गवासी पिता का
'तू सचमुच मेढक है
छप-छप फुदकता रहता है
बरसाती पानी के बहाव में'।
बादल बुलाता है : आओ मुझे छुओ
तेरे लिए तो उतरा हूँ आकाश के कन्धे से
लो देखो, अब मैं तुम्हारी पकड़ में हूँ।
नदी कहती है : तट लाँघती जा रही हूँ भले ही
पर तेरे लिए सहेजकर रखी है मैंने
एक छोटी-सी नाव और दो पतवार
चाँद से अनवरत झरती वर्षा की बूँदें बुलाती हैं :
मुझे उठाकर गाल पर पोतने से
सिहर उठेगा अगरू और चन्दन की महक से
प्रेमिका के चुम्बन-सा लगेगा और लगेगा
स्वर्ग बस एक ही हाथ दूर है।

हे महाभाग, कैसे बताऊँ
सारी रात गहरी नींद में
सुनता रहता हूँ मल्हार
झरझर झरते बरसात का, मानो
नितान्त अपरिचित इलाके से आती है
क्या तभी वह स्वर है आपके
अधीर पुकार का?

अभी नहीं जा सकता
कृपया लौट जाओ
कहा तो है मैंने आपका शरणागत दास हूँ
स्वयं न आ सकें आप किसी कारणवश
भेज देना अपने दूतों को।

इस समय तो ऋषि-मुनि चतुर्मास्या पालन कर
मुक्ति की प्रतीक्षा में अपना आश्रम छोड़
कहीं जाने को पग नहीं बढ़ाएँगे इस शुभ घड़ी
मेघदूत की चिट्ठी को चातक-सा
ताक रहा है मेरा प्राण पखेरू;
प्रबल प्रतापी हे दयावान
फिर कभी आना,
आज लौट जाओ।

जरा-सा सोचा होता तो कभी न आते इस शरद में

इतने बड़े हैं आप, सबके गण्यमान्य
पर मुझ जैसे नाचीज को लेने
आना पड़ा स्वयं आपको
इसका अफसोस है मुझे
आज कोस नहीं रहा किसी को
यहाँ तक कि अपनी बदनसीबी को भी।

मुझे तो विश्वास ही नहीं हो रहा
कैसे चले आए आप
ऐसे अ-दिन और असमय में
लगता है, यदि जरा-सा सोचा होता आपने
कभी न आते आज महाअष्टमी के दिन।

इस समय तो कहीं भी हो कोई
लौट आता है घर,
यह समय है रिश्ते-नातेदारों के इकट्ठा होने का।
दशहरा, शहनाई, तलवार की पूजा
देवी स्थापना, सप्तशती चंडीपाठ।
दीवार पर कजरौटी चिड़िया, तरह-तरह की लताएँ,

फूल, हाथी और मोर
कहो तो जरा, भला ऐसे में कौन जाता है कहीं
अपना घर छोड़कर।

वैसे भी मैं बदहवास हूँ कई दिनों से
संगी-साथी, भोजभात, साल का त्यौहार
कल छोड़ परसों
देवी जाएँगी हमारे ही कन्धे पर हो सवार
चित्रोत्पला नदी की गहराई में।

कुछ दिनों में हमारे टोले की लड़कियाँ
बउल फूलों का हार, बाजूबन्द पहन
रणीफूल पूनों में बउलबेणी गाएँगी
पूरे गाँव को महकाते हुए।
भागवत में पढ़ा है
अभी तो मुक्ति का समय है
कारागार, लोहे की बेड़ियाँ, किवाड़
खनखनाकर टूट जाने का समय है
अभी तो अष्टमगर्भ है, दिशाएँ दिखती हैं उज्ज्वल
इन्द्रदेव पवन को बुलाकर
हमारे गाँव भेजते हैं।
भला ऐसे समय में आप मुझे ले जाएँगे
हथकड़ी पहनाकर?
इस बार लौट जाओ, हे महामहिम
लौट जाओ, दिल छोटा किए बिना।
क्यों इस अधम को
बाँधकर ले जाओगे ऐसे समय में
आखिर क्या बिगड़ जाएगा कुछ दिनों में आपका।
अधिक बाध्य किया आपने तो
छुप जाऊँगा दुधीली धान की बालियों में

या फिर चँवर डुलाते खड़े
नदी किनारे घने सरकंडों में।

छुप सकता हूँ कुँआर पूर्णिमा का गीत गा रहीं
टोले की लड़कियों के बीच चोर-सा
या फिर बिजूका बन शामिल हो जाऊँगा
टोले के लड़कों के बीच
एक दूसरे के पीछे भागते हमारे पुराने खेल में।

आप मुझे ढूँढ़ते हुए
इसे उसे पकड़ रहे होंगे
पुआल के गदों से नाहक ही
बुरी तरह पिटने के बाद
मेरा छोटा-सा अनुरोध याद करेंगे।

मत बुलाना उदास हेमन्त में

मृत्युदेव, बहुत पहले आपसे
एक छोटा-सा अनुरोध किया था
प्रिय बन्धु, जाना निश्चित होने पर भी
कार्तिक और मार्गशीर्ष ये दो महीने छोड़ देना
कदापि न आना।
उस समय झीना कोहरा विष्णुमाया-सा
पसरा होता है चारों ओर
घास पर ओस से सराबोर
गीला होगा मन और हृदय मेरा
चौरे के नीचे नाना रंगों की रंगोली
मेरी आत्मा में सोह रही होगी
और आकाशदीप प्राणों का नक्षत्र बन
जल रहा होगा सुदूर आकाश में।

सच कहूँ तो मैं भी बहुत थक चुका हूँ
कभी खीझा नहीं, ऐसा भी नहीं है
रह-रहकर मन उचाट नहीं हुआ है, ऐसा भी नहीं
इच्छा हो रही हो आपकी तो आ जाना
निश्चित चल पड़ूँगा हाथ थामकर आपके साथ।

वह अनुभव लेकिन कितना क्षणिक है
ओस की तरह, सूरज निकलते ही अन्तर्धान

देखते ही बच्चे की मुस्कान
नथुनों में घुसते ही फूलों की महक
इसलिए प्रियबन्धु, जरा-सा है यह अनुरोध
बस दो महीने की मोहलत दे दें
छोटे बच्चों की तरह जिद न करके
(भले ही इतनी दूर आ चुके हैं आप)
घर लौट जाएँ।

आप तो जानते हैं आपके पितृदेव
कितने प्रिय हैं मुझे बचपन से
एक समय था जब हथेली से आँखें ढककर
उन्हें ओट में रख लेता था खेल-खेल में
अंजुरी भर पानी में आमंत्रित किया है मैंने उन्हें
जपाकुसुम की दीप्ति से महिमामंडित देव को;
बहुत पूजा-अर्चना की है
आपके बड़े भाई की।
नीलांजन-सा आभास है जिसका
शनिश्चर उस ग्रह की।
अभिमंत्रित किया है अँजुरी में
न जाने कितने नद-नदियों के साथ
आपकी प्रिय बहन यमुना को।

वचन देता हूँ, कभी नहीं तोड़ूँगा यह समझौता
बस ये दो माह बीतते ही जरूर चल पड़ूँगा
सुननी नहीं होगी फिर मेरी याचना।
जिद नहीं छोड़ी आपने तो जरूर फरियाद करूँगा तीनों से
फिर भी यदि अड़े रहे और आगाह करते रहे
जरा-सी भी ऊँची आवाज में
उसके लिए भी उपाय ढूँढ़ रखा है मैंने
घर भर में, बाहर बरामदे से अन्दर तक बने

लक्ष्मी जी के पैरों के निशान का अनुसरण कर
चोर की तरह छुप जाऊँगा उनके आसन
नई धान की फसल, रेशमी साड़ी और ओढ़नी के पीछे जाकर।

अभी हूँ मैं धरती की उष्म गोद में

मृत्युदेव, आपको निश्चित मालूम था
हमारे यहाँ इस साल कड़ाके की ठंड होगी
शायद इसीलिए आए हैं आप सिर पर गरम टोपी
बदन में गरम कपड़े परत-दर-परत
बचपन के भूगोल की किताब के एस्किमो जैसे
लग रहे हैं आप।

यमराज, बड़े ठाकुरजी की तरह
आपकी भी पोशाकें अलग-अलग होती हैं
विभिन्न प्रजा-राज्यों में दौरे को ध्यान में रखकर;
पर मुझे लगता है, आपकी अपनी राजधानी में
निश्चित ही बसन्त ऋतु रहती है सदा विराजित।

अभी तो मेरे लिए आपके साथ चलना
कतई सम्भव नहीं;
बचपन में दादी की गोद की तरह
इस धरती की उष्म गोद है,
दोस्त-यारों का साथ है
मैं सो रहा हूँ आराम से,
अभी चलने को वक्त कहाँ है?
मजाक में कहती थी दादी माँ
इत्ता बड़ा हो गया पर ठिठुरता हुआ

बिल्ली-सा घुस आता है मेरी गोद में
मानो कोई अजन्मा बच्चा हो माँ की कोख में
शायद आप सोच रहे होंगे पका हुआ बुड्ढा है
जिद्दी बच्चे-सा हठ कर रहा है
चलो ठीक है, दोबारा आ जाऊँगा
खास इसी के लिए।

महाभाग, यदि फिर भी आप जबरदस्ती करेंगे
मुझे साथ ले जाने की
कहे देता हूँ अभी से, इस घुप्प
कोहरे के अथाह सागर में अनायास छुप जाऊँगा
बावला-सा नाहक ही आपको यहाँ-वहाँ दौड़ाऊँगा।

सुना है, बहुत कठिन होता है पहचान पाना
सही आदमी को सूची के अनुसार;
जबकि जानता हूँ, आपकी सूची में
सविस्तार लिखा होता है पूरा विवरण
गाँव का नाम, माँ-बाप, तीन पुश्तों के बारे में
उम्र, शरीर की बनावट, ऊँचाई, वजन, गुण-अवगुण
एक-एक चीज। यह कोई मतदाता सूची
या जमीन-जायदाद के कागजात तो हैं नहीं
कि सच की कसम खाकर
नकली प्रमाण-पत्र आसानी से बन जाएँगे।

फिर भी मुझे उम्मीद तो है, कौन जाने
जाड़े की धुँधली-धुँधली अधमरी रोशनी,
आँखों में मोतियाबिन्द और जीवनभर
एक ही जैसे काम की उकताहट—इन सबके कारण
आपसे भी तो चूक हो सकती है, एकाध बार।
इसके अलावा हमारे बीच ऐसे भी लोग होंगे जो

समय के थपेड़े न झेल पाकर, क्लेश सन्ताप से
आपके साथ चल पड़ने को तैयार बैठे होंगे।

कौन जाने शायद उनमें से
कोई मुझसे मेल खाता हो
और तुम्हारे साथ चलने को आग्रही हो;
मुझ जैसे अनिच्छुक ढीठ इनसान को छोड़
उसे अपने साथ लेकर, काम बन गया सोचकर
सन्तोषपूर्वक घर लौट जाइए।

मृत्युदेव, आप तो हैं सुजान

मृत्युदेव, भला आपसे क्या छुपा है
सुहागरात के अगले दिन से
एक अरसा बीत गया
मैं यहाँ परदेस में हूँ
राह देख रहा हूँ फिर से गाँव लौटने की।
कल ही तो लिखी है चिट्ठी
(भाषा की चतुराई भला मैं क्या जानूँ?)
उधार लेकर रोमांटिक कवि की भाषा से :
''ओ प्रिया, बसन्त में तुम बेहद याद आती हो
याद आती हो आम की डाल पर बैठी कोयल की कूक में
आम के बौर की महक, तुम्हारी महक
चारों ओर से घेर लेती है मुझे।
दिख जाते हैं हवा में डोलते तुम्हारे खुले केश
बैठी हो मेरी राह तकती ओ मेरी नन्ही कविता
प्राण प्रिये! विश्वास करो, नहीं लगता मन मेरा यहाँ
अधीर करती है मुझे, जिद्दी बासन्ती हवा।''

हे महामहिम पाशी, आपसे क्या छुपा है
भाग–दौड़ भरा हमारा यह मुल्क बैकुंठ तो है नहीं
सुना है आपके यहाँ रहता है साम्राज्य सदाबहार बसन्त का।
हमारे यहाँ बसन्त आता है
और उलटे पाँव लौट जाता है

हम जान तक नहीं पाते
ऋतुराज बसन्त की कँपकँपाती ठंड
और गरमी से तपते निदाघ के बीच
इतना कम समय होता है कि
प्रिया के चिबुक का नन्हा-सा तिल
एक नजर देखने से पहले ही
ओझल हो जाता है।

मृत्युदेव, आप तो हैं सुजान
चार ही दिनों में
उन्मादभरी हवा मर जाएगी,
गर्म हवा बहने लगेगी
बसन्त को देखे बिना, चखे बिना
वह अन्तर्धान हो जाएगा।

पढ़ा है मैंने कि चन्दन वन है दक्षिण में
पर कभी निकल नहीं पाया
उस ओर जाने को
रोज-रोज के जंजाल के बीच,
अपूर्व संयोग है यह, चलिए चलते हैं
साथ घूम आते हैं उस ओर
आप जैसा सर्वशक्तिमान मित्र आया है आज
सौभाग्य से इस अधम के द्वार।
आपके लिए भी घिसे-पिटे उबाऊ काम से
हटकर होगा यह घूमना
सबकुछ बदला-बदला-सा होगा, मन हुलसित होगा
आप साथ होंगे तो हवा की रफ्तार से हम उड़ जाएँगे
चन्दन वन का एक चक्कर लगाकर
लौट आएँगे।

आप जरूर सोच रहे होंगे
यह आदमी निपट झूठा है
बार-बार टाल देता है तरह-तरह के बहानों से
शायद मन में ठान लिया है
इस माटी का आस्वाद छोड़
नहीं जाएगा कभी मेरे साथ
बार-बार आता रहूँगा
बात मानकर उसकी दया करके उस पर
लौट जाता रहूँगा खाली हाथ उदास मन से।

इस बार का वायदा
कतई नहीं तोड़ूँगा
चन्दन वन से लौटने के बाद
गाँव में जरा मुँह दिखाकर
(चिट्ठी लिखी है तो झूठा न बनूँ)
सम्भव हुआ तो अपनी प्रिया को
एक बार चूमकर, उससे चुमवाकर
उसके गालों पर सूर्यास्त का रंग
पसरते-सिमटते देखे बिना ही
आप जिधर कहेंगे उस ओर चल पड़ूँगा।

यदि कुछ वक्त और दे देंगे तो
माता-पिता की तसवीर को प्रणाम कर लूँगा और
लोगों से पूछूँगा, इस साल हमारे गाँव के मेले में
कितने विमान आए थे देवताओं के
कौन-कौन-सी दो नौटंकियाँ आई थीं
हर साल की तरह
इस बार भी फाग चला था या नहीं
राधा-कृष्ण झूले थे या नहीं, होली के मंडप में।

वृक्ष संहिता

Worship the tree
That from carrion
soars up towards heaven
Worship the rot
Worship the tree it be got

—Bertol Brecht

वृक्ष संहिता : एक

समुद्र से कुछ ही दूरी पर
तड़बन्ने (ताड़-वन) में एक अरसे से खड़ा था मैं
मेरे चारों ओर कुछ और भी संगी-साथी परिवार।

एक दिन आया अर्घासुर-सा एक आदमी
निर्मम-सा काटता चला गया वृक्ष का निचला झुरमुठ
नीचे गिरकर मेरी ओर लाचारी से ताकते हुए
शव की तरह घसीटकर ले जाए गए सारे पत्ते मेरे समेत।

बहरहाल, घर पहुँचकर उस आदमी ने
हमारी काफी देखभाल की
मन मुताबिक हमें काट-छाँटकर
रोजाना मुलायम धूप में लाकर हमें रखता
छाया में ले जाता, फिर सूर्य से सामना कराता
सहला देता, दुलार करने-सा लगता
हम सूर्य की किरणें पीते
छाया का स्वाद चखते
धीरे-धीरे पक जाते।

एक दिन लालटेन की धीमी रोशनी में बैठकर
गरदन झुकाए वह हमारी चमड़ी कुरेदने लगा
लेखनी के नुकीले लोहे से।

जान निकल जाने-सा दर्द होता हमें
लगता कि अब उससे छुटकारा नहीं।

पर न जाने वह क्या जादू कर देता कि
हमारे पूरे खुले बदन पर
तोरण, मंडप उभर आते
तोरण में तरह-तरह की लताएँ पसरी होतीं
और लताओं में सुन्दर-सुन्दर फूल
फूलों की महक नथुनों में समा जाती।

दर्द कुछ कम हो जाता
मंडप में नायिका
मछली-सी तनी-तनी आँखों से निहारती
हमारी देह को उष्म लगते उनके पूर्णकुम्भ स्तन
सुनाई देते खंजन-नयनी पैरों के नूपुर
समझ आ जाते हमारी सेज पर
तरह-तरह के अधीर श्रृंगार।

बड़े प्यार से हमें समेटकर
बाँध-बूँधकर वह आदमी
रख आता पूजा-घर में देवता के सामने
इतना कष्ट, इतनी यातनाएँ और
रोमांच भोगने के बाद
नींद आ जाती है हमें
सो जाते हैं सुकून से हम।

वृक्ष संहिता : दो

हमारे तड़बन्ने में आया उस दिन
एक विवेकहीन निष्ठुर आदमी
मेरी देह पर बाकी बचे पत्तों को
काट-छाँटकर नीचे इकट्ठा किया
उसके बाद मरे गाय-बैल की तरह
खींचता-घसीटता ले गया हम सबको
समुद्र की ओर।

मछुआरे की छोटी-सी झोंपड़ी
हम मिल-जुलकर उसकी छप्पर बने
छप्पर के नीचे तीन-तीन जिन्दगियाँ
बदतर हालात
पति पत्नी और एक छोटी लड़की।
सौभाग्य था हमारा कि
उन्हें हम जैसे और भी बदतर जिन्दगीवालों ने
मिलकर दिया सहारा।

चिलचिलाती धूप में खौलते
झमाझम बारिश में भीगते
किटकिट अँधेरे में
समुद्र की नमकीन हवा में
भय से काँपते हम।

फिर भी कृतघ्न नहीं हम
जी-जान लगाकर हमने
उन तीन जिन्दगियों को अभयदान दिया
धूप, बारिश, तूफानी हवाएँ सब झेलते चले गए।

साल भर होते-होते
सुन्दर चिकनी चमकीली चमड़ी हमारी
सूख-खासकर मुरझा गई।
हड्डियाँ खोखली हो गईं
पूरी देह में छेद ही छेद उभर आए
बादलों का पानी टप-टप टपकने लगा झोंपड़ी में
उस नन्ही-सी लड़की को बुखार आ गया
एक दिन गुस्से में
हम सबको उधेड़कर फेंक देने के बाद
पुनः निकल पड़ा वह मछुआरा
नए पत्तों की तलाश में।

झरते मांस और पंजर की हड्डियाँ लिये
पड़े रहे हम कुछ दिन उस उदास रेतीले विस्तार पर
धीरे-धीरे मिटाने लगे अस्तित्व अपना
उसी की गोद में।

वृक्ष संहिता : तीन

हमारे तड़बन्ने में इस बार
आए दो-दो वृषासुर।
मुझे और मेरे कुछ पड़ोसियों को
कोई सिद्ध संन्यासी सिर मुँड़वाकर
एक चुटैया छोड़ देने की तरह
हमारे ऊपर के कुछ पत्ते छोड़कर
सारे पत्ते और घौंद के घौंद फल
काटकर साथ ले गए।

तेज धूप में सुखाकर
तरह-तरह की यातनाएँ देकर
मनचाही कटाई-छँटाई करके
पूरा का पूरा वंश काम में जुट गया
माँ-बाप, दादा-पोता
उनके अड़ोस-पड़ोस के कुछ और घर।

माँएँ घर में पूआ बनाने-सा
हमारी देह से लिफाफा बनाकर
उसमें छेना-नारियल का भरवा भरने-सा
न जाने क्या कुछ ठूँस-ठूँसकर भर दिया
कतारों में रखकर, धूप में सुखाकर
अपनी कोठरी के कोने में ढेरी बनाकर रख दिया।

एक दिन रात में
हठात् आए प्रलय के समान
भयावह धमाके के साथ
ढाँय-धड़ाम की आवाज आई
आग की लपलपाती जीभ
सबकुछ चट कर गई
गया-गया सबकुछ तबाह हो गया का शोर
अन्दर से एक औरत की
हृदय विदारक रुलाई सुनाई दी
हँसता-खेलता वह बच्चा अब नहीं था
जले मेढक-सा पड़ा था।
प्रलय से बचे
उस तड़बन्ने के कुछ पटाखे हम
बाजार में बिकने गए।
जलकर मरे उस बच्चे-सा एक और बच्चा
अपने पिता से जिद करके मुझे खरीद ले गया
मेरा पुत्र बनकर मुखाग्नि दी उसने मुझे
कान फट जाने जैसी विकट आवाज के साथ
फटकर चिन्दी-चिन्दी हो
बिखर गया मैं उनके फाटक के सामने।

वृक्ष संहिता : चार

पीले पत्ते, पीले पत्ते
कहो तो जरा, पेड़ की डाल पर
अँगुलियों में गिन सकने जैसे
बचे हैं कितने दिन तुम्हारे ?

देखते ही तुम्हें
दिखने लगता है सब कुछ साफ-साफ
नन्हा कोंपल
जन्म ले रहा है डाल के गर्भगृह से
आँखें खोलता है, किलकारी सुनाई देती है
सुरक्षित सोहर में
पड़ोसी, माँ-मौसी, चाची पत्तों ने
घेर रखा है चारों ओर से
मंगलकामना कर रहे हैं सभी
कतार बाँधे हुलसित हो रहे हैं।

डाल अपने वृत्त-थन से
दूध डाल रही है तुम्हारे मुँह में
लाई है जुगाड़ करके जड़ की मदद से
माटी की गहराई से।

पृथ्वी, सूर्य, पवन
प्रसन्न हैं सभी कि तुम आ गए
कि तुम्हारे जन्म लेने में
कुछ-कुछ योगदान उनका भी है।
'देखो मैं आ गया, देखो मैं आ गया'
तुम्हारी इस उद्घोषणा से
धरती-आकाश मुखरित हो उठे।

पीले पत्ते, पीले पत्ते
याद हैं न वे बीते दिन
धूप, बारिश, ठंड, ऋतुचक्र का आवर्त्तन?
याद है न तुम्हारा बूढ़ा दादा पुराना वृक्ष
जिसके घोंसले में छुपी बैठी
कोयल की कूक की
वह स्वर लहरी तुम्हारे लिए?

पीले पत्ते, पीले पत्ते
तुम्हें देखने से लगता है
मेरा हाथ पकड़कर खींचे ले जा रहा है कोई
जैसे खींच रहा है तुम्हें बावरा पवन
आश्चर्य है कि इतनी हरियाली में तुम्हारी
कहाँ छुपा था यह पीला रंग।

वृक्ष संहिता : पाँच

[1]

कोनेवाले कमरे के सोहर में
माँ और मैं अकेले थे
धाय अपना काम करके जा चुकी थी
रात बीतने में वक्त था,
चिड़ियाँ चहचहाई नहीं थीं
देव दिवाकर को उगने में भी काफी वक्त था।
लेकिन बन्धु, तुम्हीं थे हमारे पास
अग्निदेव के साहचर्य में
मेरी कोमल चमड़ी को छूते रहते
बाड़ी से आई
चन्दन-जैसी आम की सूखी लकड़ी से।

सही वक्त पर सुबह के आने तक
तुम में आँच थी, तुम बुझे नहीं थे
मेरा एक-एक जीवकोष आनन्द से
जप रहा था तुम्हारा नाम।

[2]

उसके बाद भी एक दिन
तुम और अग्निदेव दोनों
इकट्ठे हुए थे

क्या खासकर मेरे लिए
वे तो निराकार हैं
तुमने ही दिया है उन्हें आकार चिरकाल
दूल्हे का रूप, सेहरा तले होमाग्नि
देह से टकराती रहती है,
स्रुव स्रूच से घी की आहुति पीकर
लगते थे तुम हुलसित,
सिहर रही थी देह सारी
बलिदान से तुम्हारे
फैल रहा था उत्ताप पूरी देह में
दुगुना हो रहा था अपरिचिता की हथेली का स्पर्श
और ऋत्विक के मंत्रोच्चारण से
तुम्हारे हृदय स्थल से टपकते
अमृत के निर्यास से।

[3]

तुम्हारी ही सेज पर प्रतीक्षा में हैं
राजमहल का हाथीदाँत से सजा पलंग नहीं
बल्कि पुरानी खाट और
खाट के सिरहाने नाचता मोर,
पसरी लताएँ, फूल और कलियाँ,
तुमने देह को समझा है
उसकी विक्षुब्ध उर्मि को पहचाना है
प्राण को देखा है, आत्मा की सुगन्ध को जाना है
कान लगाकर फुसफुसाते शब्दों,
लम्बी-लम्बी उसाँसों और सपनों को
पूरी तरह अपनाया है हमें
प्रस्फुटित किया है सपनों को।

[4]

अब तो अन्तिम पर्व है प्रिय बन्धु
इस बार भी यथासम्भव
बिछाया है सेज तुमने मेरे लिए
ढेरभर जलावन और कुछ चन्दन की लकड़ियों से

तुम्हें भुला नहीं सकता ऐ मेरी निस्संग चिता
आ गया तेरी ही गोद में
बस थोड़ा-सा इन्तजार है बेटे की मुखाग्नि का

पंचभूत में पुनः लौटाकर
राख पर अक्षरों के निशान छोड़कर
तुम्हारे बन्धु को फिर से करने
देही से विदेही।

वृक्ष संहिता : छह

तू किसी का नहीं
तभी तो सबका है,
आकाश के चन्द्रमा
सागर की नीलिमा-सा
बच्चों की सोच-सा
स्वयं ईश्वर की करुणा-सा।

तू किसी का नहीं
न थके-माँदे राहगीर की तृप्ति का
न लकड़हारे की उठी हुई कुल्हाड़ी का
न चिड़ियों की सुबह की प्रार्थना का
न बादलों के आशीष पानी का।

डाल-पत्ते पसारे बैठा है तू संसारी
संसार के आनन्द से उल्लसित
तरह-तरह के दुख-जंजाल से संतप्त
झुका हुआ सुख-दुख के फल के बोझ से।

बीच-बीच में इच्छा जरूर हुई होगी
अपने पैर उखाड़कर भाग जाने की
जिधर मन करे उधर,

पीछे मुड़कर न देख भाग जाएगा
अभागे झड़कर गिरे फूल-पत्ते वैसे ही पड़े रहेंगे।

तू तो अवधूतों का गुरु है
चौबीस में एक
राजा के सामने बखानता है
अपनी सारी महिमा एक-एक कर।

वृक्ष संहिता : सात

लगता है गुरुजनों से पिटकर
मन मारे बैठा है एक बालक-सा
और कभी बुझती गोधूलि के प्रकाश में
कॉलेज का एक लड़का नए प्रेम में पड़कर
बेचारा डूबता-उतराता है।
अधमुँदी आँखों से सूर्य डूबता है
कत्थई और लाल बादलों को वह निहार रहा है।

आकाश में बरसाती काले बादल घुमड़ने पर
लगता है वह एक चातक
पत्तों का मुँह खोले
निहार रहा है कब बारिश की बूँदें झरने लगेंगी;
मूसलाधार बारिश होने पर
पानी का सोता बहने पर
वह बालक गाँव की गली के पानी में
पैर छपछपाने-सा
लगता है वह नाच रहा उन्मत्त और उल्लसित
और कभी-कभी बारिश की मल्हार सुनता है
आँखें बन्द करके चुपचाप लेटे हुए।

रुक-रुककर फिर एक-एक करके
सारे पत्ते झड़ाकर

काले तार से बने जरदोजी के चित्र-सा दिखता है
ध्यान में बैठे योगी-मुद्रा में
आँखें मूँदकर वह नया जीवन ढूँढ़ता है।

लकड़हारों की कुल्हाड़ी की चोट खाकर
सचमुच वह मन-ही-मन रोता है
पर बददुआएँ नहीं देता,
किसी के घर कुर्सी, किसी के घर खटिया बन
निर्विकार रूप से शान्ति से सुनाता है अपना दुख-दर्द।
न तो वह पथ है, न ही पथिक
न बादल है, न ही लकड़हारा
पर सबको पहचानता है, याद करता है
संसार, जीवन, मरण, उल्लास, हाहाकार
सबको अपनाता है, एकटक निहारता रहता है।

वृक्ष संहिता : आठ

मैंने पूछा : बारिश में पूरी तरह भीगकर काँप रहा है
छतरी दूँ क्या?
तूने कहा : छतरी तो है मेरे पास जन्म से ही
बहुत बड़ी छतरी
उसमें टँके हैं बादल, सूरज
चाँद और सितारे।
गलत देखा तुमने;
काँप नहीं रहा मैं
सिहर रहा हूँ, पुलकित हो रहा हूँ
नहाकर कोटि जन्मों का पुण्य कमा रहा हूँ
तुम्हारी यह बचकानी-सी छतरी लेकर
मैं क्या करूँगा।

मैंने पूछा : इस गर्म हवा में मुरझा गया है, सूख गया है
एक छतरी दूँ क्या?
तूने कहा : मुरझाया नहीं हूँ, चुपचाप ध्यान कर रहा हूँ
उस महामहिम दिवाकर के दान
हरे रंग के लिए धन्यवाद अर्पित कर रहा हूँ
उदास नहीं हूँ
एक-एक जीवकोष मेरा
पी रहा है वह अमृत जी भरकर।

मैंने पूछा : कोहरे और ओस में ठूँठ-सा खड़ा है
हड्डी चटकाती ठंड में
तेरे दाँत किटकिटा रहे हैं
एक चादर दूँ क्या?
तूने कहा : जो गीला-गीला दिख रहा है,
वह ओस नहीं है
सभी पत्तों को एक-एक कर
बिदा करने के दुख से
मेरा प्राण रो रहा है, आँसू बह रहे हैं
चिड़ियाँ घोंसला खाली करके उड़ गईं
वह दुख बेहद साल रहा है
सम्भव है कल सभी लौट आएँ।

अन्य कविताएँ

जन्म-दिन

जसराज को सुन रहा है
तो सुन रहा है।

नहीं है होश उसे
खिड़की के बाहर
कितना घना हो गया है अँधेरा
कमरे में घुसकर सुननेवाले व्यक्ति तक को
अपना हिस्सा बना चुका है
पेड़ की डालों से होकर गुजरती हवाएँ
अपना संगीत रोककर
जसराज को सुनने लगी हैं।

खिड़की के बाहर परछाइयों का जुलूस :
एक बच्चा जा रहा है जात्रा देखने
बैलगाड़ी में बैठकर
घर के दूसरे लोगों के साथ;
एक किशोर तालाब में डुबकी लगाने, तैरने के बहाने
उस ओर के घाट में नहाती
अपने टोले की किशोरियों को
देखता जा रहा है तिरछी निगाह से;
स्कूल से लौटकर दो थकी-माँदी आँखें
किताब के पन्नों पर तैर रही हैं;

अभी नई-नई शादी हुई है जिसकी
लौट रहा है घर वह युवक साँझ को
मन अधीर और चंचल है
ताल मिलाकर उनसे
बढ़ रहे हैं डग उसके तेजी से।
बत्ती जलाई।
सुबह प्रणाम किया था
फ्रेमबँधे जिस फोटो को
फिर उतर आए माँ-बाबूजी उससे
सिर पर हाथ रख आशीर्वाद देने
दोनों के कुछ कहने-सा सुनाई दिया
उसे डुबोकर पोते-पोतियों की
उतावली आवाज कानों में पड़ी
"हम सारे गुब्बारे लटका चुके हैं
चलो, जल्दी चलो नाना
मोमबत्तियाँ फूँककर बुझाओ
केक काटने में देर हो रही है;
पहले तुमको खिलाकर ही तो
हम खाएँगे केक।"

माँ भी तो ठीक इसी तरह
उतावली रहती थी
चकुली-पुआ और खीर खिलाने मुझे
जन्म-दिन पर।
'लो आ गया' कहकर मैं उठा
खिड़की के रास्ते अन्दर घुसकर
पीछे-पीछे आती एक परछाईं को देखा।

जन्माष्टमी

आज है तुम्हारा जन्म-दिन।
बहुत दिनों की बात है
तरह-तरह की अड़चनों के बावजूद
कारागार से भागकर
जन्म लिया था तुमने नन्द राजा के घर।
जब छोटे से माथे पर
चन्दन का छोटा-सा टीका
लगा देती होंगी मैया यशोदा
उसके बगल में एक बड़ा टीका काजल का
लाखों लोगों की नजरों से बचाने के लिए तुम्हें
गोकुल में शोर मचा होगा तुम्हारे जन्म-दिन पर।

बड़े हो जाने के बाद जन्म-दिन पर
बड़ी खूबसूरती से तुम्हें सजाते होंगे
सभी मिल-जुलकर
ग्वालों के घर की बहू-बेटियाँ
माँ और श्रीराधा मामी
यमुना-तट, उतावली चाँदनी रात, बंशी-स्वर
पीत वस्त्र, पूरे माथे पर चन्दन की बिंदियाँ
मोर पंख, मुस्कान से पत्थर पिघलाती
ऋषियों को लुभाती, अनभूली आभा।

गोकुल से जाकर
मथुरा की गलियों में घूमते समय
गोपियों के इतने सारे चन्दन से सजने पर भी
आखिरकार उस कुब्जा से माँग बैठे
सिर्फ थोड़ा-सा चन्दन
चन्दन का लोभ नहीं छोड़ पाए तुम आजीवन।

जारा शिकारी के तीर से
तिरोधान होनेवाले दिन
घने जंगल की लता-कुंज की झाड़ियों में
नए कपड़े पहनाकर
चन्दन का टीका लगाने को
पास नहीं रहा होगा कोई
न ही इतने लाड़-प्यार से
पालनेवाली यशोदा मैया
न प्रेमदीवानी सोलह सहस्त्र गोपियाँ
न राइविनोदिनी राधिका
तुम्हारी झूठ-मूठ की माँईं;
चन्दन के टीके के बिना मुरझाए मुँह से
शिकारी शबर की सिसकियाँ और रुलाई की लहरें
बैकुंठ के फाटक तक गई होंगी
तुम्हारे साथ-साथ।

शून्य स्थान

कवि अब समझ रहा है धीरे-धीरे
शब्दों के धूल-खेल में वक्त गुजारते हुए
'शब्द ही शून्यता है स्वयं'।

शब्द अपने लिए बनाते हैं शून्य स्थान
जमीन और आसमान में
अपने अन्तःस्थल में;
शब्द स्वयं हैं जमीन और आसमान
समस्त महाशून्य का शुभ्र आह्वान।

एक शब्द उच्चरित करने के बाद
चकित विस्मित हो सोचता है
किसने कहा यह शब्द?
क्या सोचकर, किसके लिए?
कवि सन्देह करता है आसमान पर
क्या वह शब्द उसने कहा
जो मिल चुका है पलभर में
लाखों बोल के साथ मिलकर
अस्तित्व नहीं बचा अब अपना।

कवि आधा-आधा समझ जाता है कि
अर्थ ढूँढ़ते-ढूँढ़ते थक चुके हैं शब्द
अब भी है खाली
वह शून्य स्थान।

न था कल मैं, न कल रहूँगा

न था मैं,
रोम के कॉलिसियम में
सम्राट, सम्राज्ञी, रिश्ते-नातेदार, मित्र पार्षद-वर्ग
हँसते-हँसते लोट-पोट हो रहे थे,
हर्षोत्फुल उत्सव में एक-दूसरे को
बाँहों में भर रहे थे सभी
जब सिंहराज नोच-नोचकर खा रहा था
क्रीतदास की बोटियाँ घिरी हुई परिधि में
खून में सने मांस के टुकड़े
इधर-उधर टपक रहे थे।

कल नहीं रहूँगा मैं।
कबन्ध दर कबन्ध भाग रहे होंगे
रक्त बहाते सड़कों पर;
इधर-उधर पड़ी होंगी आधी-अधूरी खोपड़ियाँ
मांस के लोथड़े, कटे हाथ, टूटे पैर
शायद विस्फोट से, अद्‌भुत मरणास्त्रों से
तरह-तरह के ढेरों बम,
सूटकेस से लेकर अपनी देह तक
तुम्हारी हमारी कल्पना से परे।

नहीं था मैं,
कुआँ-कुआँ रोने का स्वर जापाघर से
अभी-अभी जनमे बच्चे की
अनभूली नन्ही-सी मुस्कान थी
उस मुस्कान से फूल खिल उठते थे
न जाने कहाँ से मधुमक्खियाँ आकर
उन फूलों पर बैठती थीं
चिड़ियाँ चहचहाती थीं
गाँव के लोग आनन्द उत्सव मना रहे थे
ईश्वर अपनी दृष्टि में
पुनः आस्था रखकर
बेहद खुश हो रहे थे।
कल नहीं रहूँगा,
कुआँ-कुआँ का स्वर सुनाई दे रहा होगा
नन्ही मुस्कान उसकी होगी,
फूल होंगे, मधुमक्खियाँ होंगी
ईश्वर उस बच्चे की मुस्कान देख
तब भी आशान्वित होंगे।

दो नौसिखिए चित्रकार : एक

लाल घिनौरी देखी है?
रेंगता हुआ एक लाल रंग का कीड़ा
तीली जितनी लकीर-सा,
काली घिनौरी (गिजाई) देखी है?
रेंगता चलता एक काले रंग का कीड़ा
तीली जितनी लकीर-सा
अरसा हो गया उन्हें देखे
चलो, चलकर ढूँढ़ते हैं
उस विशाल विस्मय को,
मैंने अपने दोनों नातियों से कहा।

धीमी सधी-सी चाल
किसी के पैर के नीचे दब जाए
तो सहसा मौत
पर इससे नहीं डरतीं घिनौरियाँ
सिर्फ, रेंगती रहती हैं
लाल तीली-सी लकीर, काली तीली-सी लकीर।

कोई बड़ी बात तो है नहीं यह?
तुम दोनों न जाने कितनी
लाल लकीरें, काली लकीरें खींच चुके हो
ड्राइंग कॉपी पर, दीवारों पर

किताबों की ताक से निकालकर
नाना की कविता-पुस्तकों पर
यहाँ तक कि अपनी हथेलियों पर भी।

पर कितना अद्भुत है
छूते हीं घिनौरी को
बन जाती है वह लकीर एक सम्पूर्ण वृत्त;
तुम लोगों ने भी आँके हैं वृत्त
लाल, काली और तरह-तरह की रंगीन पेंसिलों से
वृत्त या शून्य अर्थात जिसे तुम 'जीरो' कहते हो
पर तुम्हारी लाल लकीर और काली लकीर को छूने से
वे झट वृत्त नहीं बनतीं
देखते-देखते छिन में
फिर से, काली लकीर या लाल लकीर नहीं बनतीं।

दो नौसिखिए चित्रकार : दो

कदम्ब का एक पत्ता
न जाने क्यों
समय से पहले झड़कर
जमीन पर गिर पड़ता है
जबकि ढेरों पीले पत्ते
डाल पर झूला झूलते रहते हैं हवा में।

उस पत्ते को लाकर
रख देते हैं नाना तुम्हारे टेबुल पर।
अगले दिन सुबह
हरे पत्ते पर उभर आती है
बूँद-बूँद हल्दी;
हरा और पीला रंग मिलने से
वह पत्ता दिखने लगता है सुन्दर।

अगले दिन
हरा रंग कहीं गायब हो गया
हल्दी से रँगा पत्ता रह गया
क्या यह वही पत्ता है
तुम्हें हैरत होती है।
फिर उसके एक दिन बाद
धूसर रंग की बिंदियाँ उभर आती हैं

पीले रंग के ऊपर
और धीरे-धीरे काली पड़ जाती हैं
पूरे पत्ते पर फैल जाती हैं।

पत्ते का रोज-रोज
बदलता जीवन-चित्र
दोनों बनाते हैं नौसिखिया हाथों से।
उस दिन टेबुल पर लाकर रखा पत्ता
उठाकर फेंक देते हैं बाहर नाना
किन्तु ड्राइंग कॉपी पर
उसका रंगीन जीवन
बचा रह जाता है।

कुम्हड़ा के बीज बोनेवाले

तुम लोगों ने माँग रखी कि कुम्हड़ा के बीज बोओगे
बीज से कैसे पौधा उगता है यह देखोगे।

सारे सत्य प्रत्यक्ष-दर्शन की माँग करते हैं
इस वैज्ञानिक सिद्धान्त के बारे में सोचकर
सभी बड़े लोग राजी हो गए,
इसके अलावा दोनों अड़े रहे
जानते हैं हम बीज बोने की विधि
आखिरकार झिपिर-झिपिर बरसात, माँ की मनाही
सब बेकार हुए, बीज बोए गए।

न जाने किस लगन में काफी गहरे में
बोए चार बीज,
नन्ही-नन्ही हथेलियों से
मिट्टी-पानी से प्लास्टर कर दिया
हमने सोचा, उन बेचारे बीजों ने
ले ली चिर समाधि।

एक दिन हमें चकित करते हुए
तुम दोनों को ढूँढ़ते-ढूँढ़ते
वे मिट्टी के नीचे से झाँकते हुए
निकल आए बाहर

उनसे मिलने की खुशी में
तुम्हारी आँखों में तारे उग आए
आँखें खोल रहे कोमल पत्तों को सहलाकर
उनके साथ न जाने क्या-क्या बातें की तुमने
अफसोस, समझ नहीं पाए हम वह भाषा।
नौसिखिया थे तुम, पर गिनती जान चुके थे
एक, दो, तीन, चार, पाँच
पत्ते गिर जाते थे।

वे नहीं जानते थे
अब तुम दोनों चले गए हो काफी दूर यहाँ से
बेचारे बहुत दूर तो जा नहीं सकते
बस थोड़ा-थोड़ा बढ़कर
तुम दोनों को ढूँढ़ते रहते हैं
दिन-रात ढूँढ़ते फिरते हैं।

दो जादूगर

[1]

उलटे पेड़ में लोटन कबूतर नहीं खेलते, सच है
किन्तु नाग चम्पा पेड़ में लटके होते हैं
काफी बड़े-बड़े सफेदा
झड़कर गिरे फूल फिर से
जुड़ जाते हैं गमलों के पौधों में।

अपने लिए नहीं, उन दोनों के भय से
छिप जाता है माचिस का पूड़ा पूजा घर में
धारदार चाकू, कैंची पढ़ाई की टेबुल में
हाथ की पहुँच से दूर टेलीफोन
लुकाछिपी खेलते हुए छिप जाते हैं
अमरूद के पेड़ में अमरूद
समझ नहीं पाते ये उनका दुख,
उनकी कातरता, शिकायत।

सहमे होते हैं बिजली के स्विच
बौने केले के पेड़ के छोटे-छोटे केले
बेंत की कुर्सियाँ, सोफा, तसवीरों से भरी किताबें
ढेर की ढेर रंगीन पेंसिलें।
घबराते हैं गणनाथ अपने कानों के लिए,
हाथी घोड़ा ईश्वर को पुकारते हैं

ताकि सवार न हों दोनों उन पर।
बड़े उत्साह से आगे बढ़ आते हैं
टोपीधारी कसैले नारियल
दिव्य सुन्दर हरी नारंगी सुपारियाँ
कुरकुरे पर निषेधाज्ञा जारी होने के बाद
निडर सेव-गाँठिया।

कितनी खुशी से
इन्तजार करती है लॉन की घास
दो जोड़े नन्हे पैरों को चूमने का
फूलों के गमले गिने जाने का
तरह-तरह के रंग पहचाने जाने के लिए,
रंग-बिरंगी दवा की गोलियाँ
पन्नी की कैद से मुक्त होकर बाहर आने को।
सजाना, सँवारना, सतर्क रहना
सब बेकार हैं बड़े लोगों के खेल,
ढेरों व्यस्तताएँ, तरह-तरह के काम
और भागम-भाग में नहीं मिलता समय
तुम दोनों को सहज ही।

[2]

अब फूल झड़ने पर
पड़े रहते हैं उसी तरह जमीन पर
नागचम्पा का पेड़ जानता है
अब उसके फल को कोई
नहीं समझेगा कुछ और भूल से
विपदा आनेवाली है भाँपकर
सभी सुरक्षित लौटकर बैठ जाते हैं
अपनी जगह पर।

मुट्ठियाँ इतनी छोटी हैं कि
जरा-सा भी कुछ नहीं समाता उनमें।
पर कैसे सारा कुछ ढोकर ले गए
नाना-नानी हैं अब इस खाली घर में
डूबते-उतराते शून्य की लहरों पर।

बँटवारा

पूछना-पाछना तो दूर
न जाने किस-किस तरह से
बाँट लेते हैं वे मुझे
चुपचाप अपने-अपने बीच;
वह भी मैं धीरे-धीरे समझ पाता
बहुत देर से।

हिस्सा-हिस्सा करके बाँट ले जाते हैं मुझे :
खेलने में मस्त बच्चों का शोरगुल
जिनका रुख स्वर्ग की ओर होता है;
आम की डाल पर कोयल के
विलम्बित और द्रुत थाट के बाद
खामोश हुईं कुछ घड़ियाँ;
हट्टे-कट्टे चिकने काले साँड़ की
कटी पूँछ से टप-टप टपकता खून।

बाँटा भी गया होता
गलती से किसी के पैरों तले दबकर
लॉन की घास में पड़ी बीरबहूटी के शव को;
धूप-दीप से प्रसन्न
मन्दिर के गर्भगृह में
मन्दिर के सामने सड़क पर शव-यात्रा को।

राम नाम सत्य है और रुलाई को उलाँघ
सुशोभित चन्दन-चर्चित नीलमाधव को।

ले जाएँ, बाँट-बूँटकर मुझे ले जाएँ
स्वयं सम्पूर्ण मेरे अकेलेपन ने
न जाने अब तक क्या समझा है?
सम्भवतः इसी की अभिलाषा थी
मेरी आत्मा के अकेलेपन को।

कोयल

[1]

खुद को छुपाकर
बौर के बोझ से झुकी
आम की सघन डाल के घने जूड़े में
तू थी निपट गाँव की
एक नई-नवेली दुल्हन
किवाड़ के कोने में
चिलचिलाती धूप के
बेहद ऊँचे उन्मत्त ताव में।

छुपी रहती है,
जैसे छुपा होता है
प्रेमिका की जाँघ पर तिल
उसकी हर न के पीछे एक हाँ
निस्तरंग स्नेह जरा-सा
लहराती चंचल आँखों की
झील की ओट में।

जैसे छुपा होता है मोती
सीपी के पेट में।
पिताजी के मुँह से सुना था

जैसे विश्वनियन्ता खुद को
छुपाकर रखते हैं
स्वर्णाभ-सृष्टि की ओट में।

तब पूछा नहीं था उनसे
चल तू ही बता दे,
तुझे जरा-सा देखने को
कितना स्नेह, कितना धैर्य
कितनी अनुरक्ति चाहिए?

[2]

वह था कोई और समय
युवावस्था
कान लगाए रहता था सुनने को
तू कब गाना शुरू करेगी और कब खत्म।
पुरानी डायरी खोलकर देखने पर
दिख गया उस साल
पच्चीस फरवरी को गाना प्रारम्भ हुआ था
और शेष हुआ था तीस मई को
विलम्बित प्रारम्भ और शेष अधीर द्रुत में।

अब तो तू अपने में मस्त है
और मैं भी अपने में
अलग-अलग दुनिया है हमारी
धूल-धक्कड़ से भरी है मेरी दुनिया
और तू हमेशा-सी छुपी है
बौर से लदे आम की डाल में।

अकेलापन

महाप्रभु,
हमारे इस अकेलेपन के
तुम्हीं जनक हो, तुम्हीं हो एकमात्र स्रोत।

जरा याद करो
तुम्हें जरूर याद आ जाएगा
किस तरह अकेले बहते चले जा रहे थे
बरगद के पत्ते पर
पैर ऊपर किए लेटे-लेटे
नितान्त अकेले, एकाकी।

उस अकेलेपन से मुक्त होने के लिए
साथी ढूँढ़ते हुए
गढ़ डाला तुमने यह सारा कुछ :
अन्तरिक्ष में थाप दिए
सूरज, चाँद, सितारे, नीहारिकाएँ;
बहा दी हवा, बहा दिए बादल
माटी की पृथ्वी गढ़कर रोप दिए
स्रघन गिरि-वन, नदियाँ,
और अन्त में रचा
पशु-पक्षी, कीट-पतंग और उसके साथ
इस निरीह मानव जीवन को।

तुम्हें साथी मिल गए
खिलौने मिल गए साथ खेलने को
उनकी आँखों में पट्टी बाँधकर
साथ खेलने के लिए, ठगने के लिए,
धोखा देने के लिए
हँसाने और रुलाने के लिए।

कहते हैं, तुमने अपने ही प्रतिबिम्ब-सा
गढ़ा है हम सबों को
अपने उस निपट एकाकीपन में से
बाँट दिया हममें
जरा-जरा, प्रसाद-कण-सा
जैसे बाँटा था अमृत मोहिनी ने देवताओं में।

हम एक जैसे दुखी हैं,
तुम्हारी जैसी तकदीर लिये
हम भी हमेशा से एकाकी हैं,
घने जंगल में ऋषि-मुनियों के ध्यान में हो
हुड़दंग मचाते दोस्तों की भीड़ में हो
स्नेह में हो, जन्म में, जीवन में या मौत में
हर समय हर स्थिति में हम अकेले हैं।

हम सबों को, सूर्य चन्द्र तारों को
इस अखिल ब्रह्मांड को
खेल का साथी बनाकर गढ़ने के बावजूद
क्या वाकई तुम्हें मुक्ति मिल गई
अकेलेपन से?

यह मत सोचो कि हमने नहीं देखा
सघन लताकुंज की ओट में

पकड़कर लाई गई चिड़िया की तरह
अकेले बैठे हुए तुम्हें,
या सिंहासन पर बैठकर
राजदंड धारण करने के बावजूद
माखन चोरी, गोपन प्रीति
उत्ताल चाँदनी रात में यमुना तट
इन सबको याद करते हुए
तुम्हारे असहनीय अकेलेपन को।

शब्द

हमारा निपट अकेलापन
तुम्हारे पास खत्म हो जाता है
एक-एक अक्षर से
मिल-जुलकर बनी पंक्ति में
ध्वनि में, उच्चारण में
अपने कानों में लौट आती प्रतिध्वनियों में।

तुम आग हो :
जला-जुलूकर पुराने को
गन्दगी, कचरे को
सड़ाँध, छल को
नई सृष्टि और सृजन करते हो।

तुम पानी हो :
सन्तापित प्राण को शीतल करते हो
चन्दन का लेप कर देते हो
हमारे साथ
बच्चों का घर-घर खेल खेलते हो।

तुम अन्तरिक्ष हो :
उसमें मँडराते-मँडराते

शून्यता की खिड़की से
खुद को देखने से थकान आती है;

शून्यता से मैजिक की तरह
सारे रंग-रूप उभर आते हैं और
फिर से मैजिक-सा
सबकुछ बिला जाते हैं
सिर्फ रिक्त प्राण सुमिरता रह जाता है।

बन्दिकारा गाँव देखा है प्रियबन्धु, बन्दिकारा गाँव?

[1]

वह गोपीनाथ महान्ति के
'अमृत सन्तान'[1] सन्ततियों के
नाती-पनातियों का गाँव है।

मिणिआपायु से सरबू साँओता का बेटा दिउडू
पत्नी पुयु के पुराने प्यार से मुँह फेरकर
नई धाँगड़ी[2] पिओटी की देह के लोभ में
दो मीठे-मीठे बोल के अन्धे नशे में
जिस ओर दौड़ जाता था। बन्दिकारा उसका नाम है।
कन्ध जाति के सर्षुपदर बन्धुगाँव जैसा
एक दूसरा नाम है।

दिउडू का हाथ पकड़कर
घाटी के उस झीने कोहरे में तैरते हुए
मैं भी उस गाँव में एक बार गया था;
पतली जंगली पगडंडी दोनों ओर
दिउडू याद करता

1. अमृत सन्तान : सुप्रसिद्ध ओड़िआ कथाकार गोपीनाथ महान्ति का उपन्यास।
2. धाँगड़ी : आदिवासी युवती।

पिओटी के सुडौल बदन-सा, शाल पेड़ों का जंगल
''मुझे ले चलो, मुझे ले चलो'' कहकर
शोर मचानेवाले महुए के फूल।

इन दिनों शाल के पेड़ शव की तरह
लेटे हुए हैं रास्ते भर।
मेरी बात तो अवांतर है,
वहाँ जाना बाड़ी के पिछवाड़े जाने की तरह
मामूली-सी बात है उसके लिए;
धाँगड़ा दिउडू भी नहीं पहुँच सकता बन्दिकारा
महुए के कुछ फूल हाथों में लिये
कैदी बनने पिओटी की देह के
आतुर कारावास में।

कह नहीं सकता घनी अँधेरी रात में
उसके जाने की राह में हमेशा जागते दर्मू ने
उसकी ओर देखा भी होगा या नहीं,
खुदने को तैयार धरती माँ के पेट में
कन्दमूल की जगह
कहीं विस्फोटक तो नहीं छुपे!

[2]

नारायणपाटणा, बन्दिकारा, सर्षुपदर
इक्के-दुक्के गाँव इधर-उधर
चारों ओर पहाड़ डंगर;
यहाँ कौन मजदूर, कौन किसान,
कौन क्रान्तिकारी सैनिक, कौन आदिवासी,
भला पहचान सकते हो?
कह सकते हो, क्या है अधिक पैना?
किसान की हँसिया या मजदूर का गँड़ासा

कौन है अधिक मृत्युदायी
आदिवासी का फर्सा, तीर
या सरकारी बन्दूक की गोलियाँ?

भूख तो भूख, सिर्फ हताशा
अधिक निर्मम और भयंकर है
किसका कष्ट अधिक गम्भीर है
किसान का, मजदूर का या आदिवासी का
नारायणपाटणा से थोड़ी ही दूर
अब मुश्किल है पहुँचना
उस बन्दिकारा[1] और सर्षुपदर तक
क्या हम सभी गृहबन्दी मनहूस हैं
उस निष्करुण भय के? या इतिहास के?

---

1. बन्दिकारा : गोपीनाथ महान्ति के 'अमृत सन्तान' उपन्यास का एक गाँव।

नहीं लौटे

(एक लापता मित्र के लिए)

तुम गए जो गए, फिर नहीं आए।
सुबह-सुबह कौवे ने काँव-काँव किया, उड़ गया
तरह-तरह की चिड़ियाँ चहचहाईं, चुप हो गईं
साफ सफेद धोती-कुर्ताधारी
तुम्हारा धुँधला चेहरा आँखों में उभर आया।

सुबह बीती, साँझ बीती, रात हो गई
दो-चार जुगनू राह भटककर
खिड़की के रास्ते कमरे में घुस आए।

गए जो गए, फिर नहीं लौटे
ठंड, कोहरा, ओस बीत गए
कोयल की कूक बीत गई
बासन्ती घड़े से टुपटुप पानी
तुलसी पर गिरना बन्द हो गया
आ गई वर्षा, घनघोर चतुर्मास्या
गए जो गए, लौटकर नहीं आए।

रथ पर सवार हो बड़े ठाकुर
गुंडिचा मन्दिर चले गए
कुछ ही दिनों में याद आ गया

अपना घर
सोने की बेदी, लक्ष्मी देवी
लौट आने को अधीर हो उठे।

हाथ पसारकर देवता के सिवा
कभी किसी से कुछ माँगा नहीं था तुमने
किसी से कुछ लेना भी नहीं था;
पर औरों को देना जो था;
शायद यह बात भूल गए।

गए जो गए
दिन-रात, वर्ष-माह बीत गए
तुम लौटकर नहीं आए।

चाँदनी रात, रेल यात्रा

लगातार बुरे सपने देखने के बाद उठ बैठा
नींद नहीं आई फिर
द्रुतगामी ट्रेन भागी चली जा रही थी
मानो भूत सवार हो उस पर,
डिब्बे के झूले में
नींद में सोए हैं लोग
अलग-अलग गाँव, शहर, बस्ती के
जा रहे हैं अलग-अलग शहर और गाँव
मेरे बुरे सपनों में खौफनाक आतंकवादी
दौड़ रहे थे
अलग-अलग लक्ष्य स्थलों की ओर।

अहा, बाहर कितना सुन्दर चाँद है
जिन्दगी कितनी आसान है
जीवन के दिन-रात कितने सुशोभित हैं।
खिड़की के बाहर वे सब
पेड़, क्यारी, तालाब, कुमुदिनी
भागते चले जा रहे हैं पीछे से पीछे,
हमारे भय, हमारे आँसू
हमारी सिसकियाँ, अपने लोगों को
खोने का दुख
हमारी प्रगल्भता,शून्यता, आँसू, खून

भागते चले जा रहे हैं कल के अँधेरे में
इतिहास के पन्नों में
फिर वहाँ से मिथक में।

ट्रेन भाग रही है,
भागती चली जा रही है
क्षितिज में चाँद भाग रहा है
मुझे नींद कहाँ!

ढूँढ़ते-ढूँढ़ते थक चुका हूँ

ढूँढ़ते-ढूँढ़ते थक चुका हूँ मैं शहद जरा-सा
अमृत का एक कण,
कितना मूर्ख हूँ कि समझ न सका
रंगहीन रोजमर्रा की जिन्दगी की
झुंड की झुंड मधुमक्खियों ने
हताशा और यंत्रणा के छत्ते में
भर रखा है शहद
सिर्फ मेरे ही लिए।

अमृत कुम्भ लबालब भरा है
छोटी-छोटी खुशियों से
मन ध्यान चैतन्य सब इकट्ठा कर
मेरी ओर ताकते पालतू कुत्ते के एकाग्र ध्यान से
बेताब चाँदनी रात के तुरई फूल की सतेज आँखों से
दादा-पोते के रहस्य से
तालाब के पानी में खपाखप मेढक की तरह कूदते
नंगे बच्चों की निश्छल मुस्कान से।

और
निराशा का वह मधुछत्ता

आनन्द का वह अमृतकुम्भ
दोनों मेरे अन्त:स्थल में हैं
हृदय के नन्हे से आले में।

धरावतरण

तुम सोचते हो
हमारी पृथ्वी पर पाप का बोझ
असहनीय हो जाने पर
अपना धर्म भूलकर
अँधेरे, असत्य और मौत के जाल में
हम सभी मर्त्यलोकवासी छटपटाने लगने पर
स्वर्ग से देवता उतरते हैं हर बार
खासकर हमारी ही रक्षा करने।

नहीं।
स्वर्ग की चकाचौंध से चौंधियाकर
दीर्घ तनु, दिव्य रूप देवतागण
उससे छुटकारा पाने के लिए
अधीर हो भाग आते हैं हमारे बीच
धरातल के अँधेरे में;
रत्न सिंहासन उन्हें सुमिरता रह जाता है
चमकते हीरा-नीलम मणि-माणिक्य
रत्न मुकुट, महार्घ वेशभूषा
सबकुछ ठुकराकर
वे ढूँढ़ते फिरते हैं रेत कीचड़
मीठे बेर, गाय के झुंड।

दो, उन्हें अपना साथी बनने दो।

अप्सराओं के घिसेपिटे नृत्य
लीलायित अंग-भंगिमाएँ
देखते-देखते थक चुकी आँखें और
जमुहाई लेते हुए बिस्तर की ओर लौटता मन
ढूँढ़ता है निर्वस्त्र नहाती युवतियों की देह का
लुभावना स्थापत्य
झील में, कल-कल बहते झरना किनारे।
माँ की मीठी पुकार फिर से पड़ जाती है कानों में
पेड़-पौधे, कीट-पतंग, नदी-पहाड़ पुकारते हैं आवेग में।

नहीं, हमारे लिए नहीं
वे धरा पर आते हैं हमारे कीचड़, हमारी दुर्दशा
हमारे कर्मफल, हमारे मरण, हमारे अँधेरे
हमारी नियति की चोट, हमारी यातना, हमारे हाहाकार
इन सबके बीच अपनी जरा-सी थकान दूर करने।

बस्ता समेटने का समय : एक

ठीक से बस्ता समेट लो
चटाई उठाओ, घर जाओ
सुबह से पेट में एक दाना तक नहीं गया होगा
भूखा पेट धधक रहा होगा।

कल बड़े स्कूल में जाना होगा
पीठ पर लादकर हो या
कन्धे पर लटकाकर
किताबों से भरा बड़ा बैग सँभालना होगा।

किसी किताब में, उसके अक्षरों के जंगल में
पर नहीं होगा वह सरल सूत्र :
कैसे भूख छुपाकर, रुलाई छुपाकर
मुस्कराना होगा।
कैसे पैर थक जाने के बावजूद
आगे से आगे बढ़ना होगा।
किन्तु याद रखना हममें से कोई भी
माँ-बाप, संगी-साथी, गाँववाले, शिक्षक,
देश, मन्दिर या बादलों की ओट में बैठे देवी-देवता
तुम्हें बचाने नहीं आएँगे।

क्या चाँद, तारों ने कहा था तुमसे कुछ
आगे के रास्ते की हालत या रोजी-रोटी के बारे में?

अच्छा कहो तो, क्या बनना चाहते थे तुम ?
मालिक, मंत्री, आदमखोर, सौदागर
या छोटी-छोटी हँसी-खुशी, थोड़ा-बहुत स्वादिष्ट भोजन
छोटे इनसान के लिए
इधर चूड़ियों की खनक, उधर बच्चों का शोरगुल।
चलो छोड़ो, अभी तेरे पिता तेरे लिए सपना देख रहे थे
घने अरण्य में ऋषियों की यज्ञवेदी के पास बैठकर
तुम उनके हाथों में समिधा बढ़ा रहे हो
स्रुव स्रुच सही-सही पकड़ना सीख चुके हो
मधुर कंठ से मंत्र बोल रहे हो।

ऐसा न होकर होना था उसी घने अरण्य में
दस या बारह गोलियाँ खाकर, पोशाक पहने चल बसेगा
हाथों में बन्दूक लिये हमेशा-हमेशा के लिए;
हो भले ही रिश्वत लेकर
तेरी हट्टी-कट्टी देह के लिए ढूँढ़ रहे होंगे वे लोग
सही साइज का एक बड़ा बैग।

बस्ता समेटने का समय : दो

अन्तिम दशा, अचानक मौत से मुलाकात
इस बार घने जंगल में नहीं
न ही बन्दूक लिये हुए हाथ में।

छोटी पहाड़ी की ढलान पर
तुम्हारा गाँव सूमगढ़ जोकि
मन्दिरमालिनी बागेश्वर से कुछ ही दूरी पर है
बादलों की काली छाया उतर आई सहसा आसमान से;
सुदूर आक्रमण की चोट से उखाड़ दिया पहाड़ को
पेड़-पौधे, माटी और पत्थर एकाकार हो गए
कीचड़ की ऊँची-ऊँची लहरों से
अधटूटा स्कूल डूब गया पलक झपकते
कीचड़ में, समुद्र में।

उस वक्त मास्टर जी का
श्रुतलेखन अधूरा था।
बस्ता बाँधने का समय था,
स्कूल की छुट्टी का समय दूर था।

सहसा मास्टर जी और दोस्तों की
घबराई हुई पुकार से, बैग उठाकर खड़े हो
पाठशाला की दहलीज लाँघने से पहले

सात फुट कीचड़ ने जीवित दफना दिया
तुम्हारे समेत अठारह बच्चों को।

तुम्हारे पिताजी और गाँवभर के लोगों के
हाथ में जिसके जो भी कुछ आया गैंती कुदाल लेकर
अपने हाथ से कोड़ने लगे
पैर के अँगूठे से कीचड़ टटोलते हुए,
कीचड़ खोदते-खोदते घुटने तक, कमर तक
खुद ही कीचड़ में समाकर
ढूँढ़ रहे थे तुम्हारा शव
पुरातत्वविद् के भू-खनन की तरह।

किसी रोते पिता के हाथों में
छू गया एक सिर।
किसी दूसरे अधीर के हाथ में पैर
छू गया किसी की छाती
एक पतला हाथ, किताब का बस्ता।
तेरे पिताजी रो रहे थे
अभिशाप बरसा रहे थे बागेश्वर
व्याघ्रेश्वर महाकाल पर
कई बार गोमती नदी का जल लेकर
ताँबे के पात्र में
क्या चढ़ाया नहीं था उनके सिर पर
तुम्हारा शुभ मनाते हुए।
पूरा गाँव रो रहा था,
घुप्प बादलों की छाया में
वह रुलाई कहीं खो गई।

इस बार 'बड़े बैग' की जरूरत नहीं पड़ी थी।
खाकीधारी देह के लिए
बड़े बक्से, सैलूट की जरूरत नहीं थी।

कीचड़ से सनी देह
नहला-धुलाकर
आँसुओं और सिसकियों से
सफेद कपड़े में लपेट-लुपेटकर
गोद में लिये उजड़ी सम्पत्ति अति जतन से
तुम्हारे पिता दूसरों के पिताओं के साथ
सिर झुकाए झुककर चल रहे थे।

सामूहिक समाधि के लिए गड्ढा खोदा जा चुका था
सारे गीत, सारे कोलाहल दफन चुके थे।

गाँव हाट जाता है

पूरा का पूरा गाँव हाट जाता है।

गाँव के लोग बड़े जतन से हाट ले जाते हैं
मुर्गे, महुवा के फूल, कुकुरमुत्ते
रंग-बिरंगी सुन्दर डलियाँ, टोकरी
छोटे-छोटे ताँतों में बुने चादर
पहाड़ की गुफाओं और पेड़ों से एकत्र
कई बोतल शहद।

हँसी-मजाक में लम्बा रास्ता मालूम नहीं पड़ता
हाट आ जाता है देखते-देखते
जंगल में पेड़ लताओं की तरह
वहाँ इनसानी शोरगुल होता है।

अधिक कुछ खरीदना नहीं होता
बस मिलना-जुलना हो जाता है लोगों से
जो रहते हैं
सुदूर पहाड़ के उस पार गाँवों में
वे लोग मानो इस जन्म के हैं
और उससे पहले के कई जन्मों के।

हाट में ही त्योहारों के दिन निर्धारित होते हैं
शादियाँ तय होती हैं
हँडिया* पीकर तरह-तरह के सपने देखे जाते हैं
जोड़ा जाता है तारों भरे आकाश को
बच्चों के सपनों से,
दादा-बाबूजी के प्राचीन दुखों को
अभी की हताशा और शोक से,
कहानी जोड़कर अस्वीकार किया समय को
रद्द किया जाता है दुख को, मृत्यु को।

मनुष्य की जिन्दगी की तरह देखते-देखते
न जाने कैसे गुजर जाता है पूरा दिन।
एक झटके में घिर आता है अँधेरा चारों ओर
मानस पटल में जलते प्रकाश से
रास्ता दिखता है साफ-साफ
हाट से वे चुपचाप गाँव लौट आते हैं
निश्चिन्त घर लौट आते हैं।

* हँडिया : भात को कई दिनों तक हाँड़ी में गलाकर उससे बनाया गया एक नशीला पेय।

संन्यासी की स्वीकारोक्ति

पलथी मारे
जबरन आँखें बन्द किए
देर तक बैठा जपता रहता हूँ
हे साँई, इस मूर्ख को
घुप्प अँधेरे से उजाले में ले चलो।

अँधेरा, घनघोर अँधेरा
अधिक से अधिक घना
सुना था, उस अँधेरे को लाँघ जाएँ
तो उजाले का स्वर्ण सिंहासन दिखने लगेगा
तुम बैठे होंगे उस पर चतुर्भुज, हे कृपानिधान
शंख-चक्र-गदा-पद्मधारी
वह दिव्यदर्शन पाकर ये आँखें पवित्र हो जाएँगी
सहज ही पार हो जाऊँगा यह भवसागर।

वैसा कुछ घटित नहीं होता
बल्कि उस अँधेरे में
साफ-साफ दिख जाती है
चम्पा फूल-सी नारी देह
अच्छी तरह पढ़ लेता हूँ
उस देह का विस्तीर्ण भूगोल
उपत्यका, ढलान, पहाड़, जंगल

गाल पर उष्म लगता है प्रेमिका का चुम्बन;
प्यासे मन को ढक लेता है
सुगन्धित बालों का उच्चाट सावन
उल्लास से सिहर उठते हैं तन मन प्राण।

अँधेरे के आईने में
दिख जाते हैं छोड़ आए लाखों चित्रपट,
बचपन में मेरा उदास चेहरा देख दादी की डाँट
दिख जाते हैं छोड़ आए
थाली में परोसे अन्न और व्यंजन
पास बैठकर पंखा झल रही है बीवी
बाहर सुनाई दे रहा है
बच्चों का हुड़दंग आहत क्रन्दन।
सहसा अँधेरा चीरकर उभर आते हैं
मुँदी हुई आँखों में वर्ष माह रात और दिन
सारा लोभ, सारी भूख, सारी प्यास, सारा अमलिन!
मन रोता है, क्यों निर्दयी हुए हे दुखभंजक
इस मोह निद्रा से मेरा उद्धार करो।

[2]

आँखें खोलकर देखता हूँ, पहले की तरह
गुस्से से हुए कुछ गलत फैसले के कारण अब
मेरे गले में राजपुत्र का मरा साँप नहीं है;
बदले में महकती हैं फूलों की मोटी-मोटी मालाएँ
मेरे सन्तान द्वारा दिया गया अभिशाप तो दूर
परीक्षित या तक्षक नहीं हैं कहीं
धूप-दीप अगरू की सुगन्ध से
चारों ओर है भक्तों की भीड़।

सिर्फ सुनाई देते हैं

असंख्य प्रश्नोत्तर मेरे अन्त:स्थल में
तर्क-वितर्क के।
"संसार अनित्य है? तो नित्य क्या है?
संसार असत्य है? तो सत्य क्या है?
संसार क्षणिक है? तो चिरन्तन क्या है?"
उसके बाद एक अति सूक्ष्म
पर दृढ़ स्वर कहने लगता है
देख बाबू, तू जो कुछ छोड़ आया
बस उतना ही
एकमात्र नित्य, सत्य और चिरन्तन है
चिरन्तन है भूनी मछली का आह्वान
नारी की अँधेरी देह, सन्तान का मोह
चिरन्तन है यह माया जाल, बेवजह हैं सिसकियाँ
लालच में परेशान रहना तमाम रात-दिन
लोभ, मोह, जन्म, मृत्यु
मद और ईर्ष्या, मातृगर्भ, संसार बन्धन।

चोरी के माल की तरह
उस स्वर को छुपा देता हूँ
घर छोड़कर, गाँव छोड़कर
जंगल आया था
घनी नीरवता चाहकर
हृदय स्थल पर सुनने अनाहत स्वर
पर हमेशा सुना घायलों का स्वर, मनुष्य का
आहत पशु-पक्षियों का, आहत अपने अतीत
पश्चाताप से बिद्ध अपने प्राण का।

उसके बावजूद उपदेश देता हूँ
श्रद्धालु भक्तों को
चुपचाप ध्यान में डूब जाओ

युदि सुनना चाहते हो अनाहत आत्मा का संगीत
जो जीवन-मरण से परे लगातार निनादित है।

परन्तु उस नीरवता के बारे में कहने के लिए
असंख्य शब्दों के राज्य की जरूरत पड़ती है
देखता हूँ, प्रवचन के सागर में डूबते-उतराते
असंख्य दुखी भक्तों को।

दो खुली आँखें, भोपाल

[1]

शव ही शव पड़े हैं, रात बीतते ही
रेल की पटरियाँ, सड़कें, झुग्गियाँ
खेत की क्यारियाँ सहसा बन गईं
एक-एक सुनसान मरघट
हठात् चिरनिद्रा में सो गए असंख्य लोग
और आतंकी छिन में अन्तर्धान।

मरे आदमी की आँखें
बन्द कर दी जाती हैं हर काल में
एक अध्याय समाप्त।
निरन्तर पूरे विश्व को देखने की प्रक्रिया,
ध्यान से निकट की चीजें, दूर की चीजें देखना
अब खत्म हो गया।
मरे हुए लोगों की आँखें बन्द की जाती हैं।

सिर्फ एक छोटे बच्चे की दो आँखें
खुली रहीं। और सबकी आँखें बन्द
आँखों में भर-आँख शून्यता
खुला मुँह। मुँह में अशेष भूख
डोल उठती है वसुधा।

पृथ्वी की धुरी बदल जाती है,
पर नहीं बदलती उन खुली आँखों की दृष्टि
ध्यान से देख रही हैं सभी ओर
मानो कुछ हुआ ही नहीं
जैसे कि सभी उसी की ओर
ताक रहे हैं आँखें मूँदकर।

[2]

उसके बाद साल दर साल बीतते चले गए
हमारे मिथ्याचार, हमारे छल
सब कुछ पहले की तरह चलते रहे
उनमें जलते सूरज की तरह
तुम्हारी दो आँखें जलती रहीं
जल गया न्यायधीश का काला कोट
टूट गईं, अदृश्य हो गईं अनेक मूर्तियाँ
न्यायमूर्ति, अन्यायमूर्ति, घुल-मिल गईं
उस दृष्टि ने हमारी सत्ता, हमारा इतिहास
हमारा भविष्य, अतीत सब जला डाला।

गहरे से भी गहरे में
मिल-जुलकर दफनाया तुझे, तेरे शव को
वे आँखें आग की तरह
लपलपाती हुई माटी के भीतर
से दिखाई देती हैं।
पलक झपकते हमारी सत्ता, हमारा अस्तित्व
मिटा डालती हैं।

वे दो आँखें हमेशा जलती रहेंगी
इतिहास का एक-एक पन्ना धुआँ
बनता जा रहा होगा अन्तिम लग्न में

अब तक नापती आई हैं, नापती रहेंगी
वे दोनों आँखें खुली रहकर
नापती रहेंगी हमारे कुकर्मों को।

नक्सल

गाँव तो नहीं कहा जा सकता उसे
तुम चाहो तो कह सकते हो
यहाँ तक कि उसका नाम भी ले सकते हो।

कुछ ही दूरी पर है एक छोटा-सा मुड़िया पहाड़
न जाने किस युग से बैठा है वहाँ
कभी-कभी गाँव के बच्चों को पुकारता है
कुछ बकरियाँ लेकर वे दौड़ जाते हैं उस ओर
वहाँ बेर होते हैं, झड़ बेरी होती है
रम जाता है उनका मन रसभरी बातों में
तो कभी मनचाहे भूतों की बातों में।

वह मुड़िया पहाड़ ही
गाँव की अस्मिता परिभाषित करता है।

मुड़िया पहाड़ की तलहटी में
कुछ लोगों के सिर छुपाने के लिए
थोड़ी-थोड़ी जगह है, पीरी घास का छप्पर है
झुका हुआ छप्पर और झुक जाता है
धरती को प्रणाम करता है
रातभर सुनाई देती है
बकरियों की मिमियाहट।

तुम उसे गाँव कह सकते हो
बिना गाँव के गाँव का रास्ता कहाँ होगा?
रास्ते के बीच में मेरियाखूँटा* कहाँ होगा?
खूँटे पर मौत की चिड़िया कहाँ से आकर बैठेगी?

वह चिड़िया ही गाँव को
परिभाषित करती है
जबकि चिड़िया उड़ने-उड़ने को है,
रात में सारा आकाश, वह मुड़िया पहाड़
आकाश के सारे तारे, थोड़े से बादल
सभी उतरकर मेरिया खूँटे के इर्द-गिर्द आकर सोते हैं।

कटहल के पेड़ पर हैं जंगली कटहल असंख्य;
झुंड-के-झुंड पककर नीचे गिर जाते हैं
आखिर कितना खाएँगे वे?
एक दिन सुबह
मुड़िया पहाड़ की ओर जाते समय
कुछ लड़कों ने देखा
कटहल की दो डालों से
दो लोग लटके हुए हैं
गाँव के जाने-पहचाने लोग
एक का कटा हाथ नीचे पड़ा था
दूसरे का कटा सिर;
जैसे बकरे के पैर बाँधकर
कटहल की डाल से किसी ने
मांस काटने का जुगाड़ लगाया हो
कटहल की गोंद-सा सूख चुका है खून।

•

---

* प्राचीन काल में जिस खूँटे से बाँधकर मनुष्य की बलि दी जाती थी।

रोते-चीखते-चिल्लाते
वे लड़के गाँव की ओर भागे।
उस चीख, उस कटे हाथ और
कटे सिर ने गाँव की अस्मिता
निरूपित की।

चाहो तो तुम उसे गाँव कह सकते हो;
न कहो गाँव तो न सही
सिर्फ एक मुड़िया पहाड़ कहो।

माँ, हरिद्वार

आठ साले पहले
दुबली चिड़िया-सी अपनी देह
अर्पित कर दी थी अग्निदेव के हाथों में
स्मृति के रूप में सहेजकर रखने को
माँग लाए थे हम उनसे जरा-सी अस्थियाँ।

उस दिन से धूप, बारिश, ठंड, बसन्त
आठ-आठ बार आकर लौट चुके हैं
तुम्हारे जाने के दिन न जनमें पोते
दिनोंदिन अधिक से अधिक शरारती हो गए हैं
तुम्हारा छोटा बेटा अधीर होकर
तुम्हारे पास दौड़ा चला गया
यहाँ बाकी बचे तुम्हारे बेटा-बेटी
तुम्हारे होने की जगह की खुशबू लेने लगे हैं।

माटी के नीचे रखे तुम्हारे धरोहर के पास
हम रोज परोसते थे थोड़ा-सा खाना
तुलसी चौरे के पास तुम जिस तरह बाती जलाती थी
ठीक उसी तरह एक संझाबाती।
तुम हमारी सुख-दुख की दुनिया को ताकती रहती
दीवार पर टँगी एक तसवीर बन।

उस स्मृति को लेकर निकल पड़ा मैं यात्रा में
रास्ते में मिली तुम्हारे हाथ की कोमल सहलाहट
तुम्हारी एकाध बातें कल्याण से सराबोर,
देह–दुख के समय तुम्हारी प्रार्थनाएँ मानो
एक साथ जमकर
बन चुकी हैं वही अस्थि जरा-सी
जिसे अर्पित कर दिया था
गंगाजल की शीतल लहरियों को।

मेरी देह में वह पानी ऐसा लगा
जैसे बचपन में चित्रोत्पला नदी का स्पर्श;
स्वर्गद्वार* में पिताजी के शव को नहलाते समय
महासागर का स्पर्श,
अब तुम पूरी तरह अशरीरी हो
परछाईं बन सदा विराजोगी
हमारे जीवन को अपनी बाँहों में भर।

* स्वर्गद्वार : पुरी का श्मशान।

छुटकारा

मन-ही-मन अक्सर सोचा है
सभी दुखों से छुटकारा देनेवाला
कोई-न-कोई तो है
शायद वह बादलों की ओट में छुपा है।
हो सकता है दिख जाए चिड़िया के गीत में
खिलकर मुस्कराते फूल में
या फिर नन्हे से बादल के टुकड़े से
टपकते बारिश की बूँद में।

मेरे इस धरती पर आने से पहले
क्या सारी दुनिया मेरे इन्तजार में थी?
चित्रोत्पला नदी, गदाधर गोसाँई, मेरी माँ
छड़ी लिये स्कूल के मास्टर, मांस बेचनेवाला
चिलम पीता गाँव के पास वाले मठ का साधु!
मैं आया, वही कुआँ-कुआँ करता
क्या सभी खुश हो गए
उत्सव में मस्त हो गए?

यह सब झूठ है, जितना झूठ है
मेरे चले जाने के बाद इस दुनिया में
सभी मुझे उदास होकर याद करेंगे
मेरे साथ खेलनेवाला पिल्ला रो रहा होगा

चित्रोत्पला नदी की धारा सूख जाएगी,
फूल झड़ जाएँगे
पेड़ पर बैठी चिड़िया गुनगुनाना रोककर
मुझे ढूँढ़ रही होगी।

यह सब झूठ है,
छुटकारा देनेवाला कोई नहीं है
सामान्य-सा पथिक हूँ मैं
पल-भर को छू सकता हूँ प्यार से
उसी छूने में अनन्त को भी छूता हूँ और
वह छूना ही मेरे लिए छुटकारा और
स्वर्ग का मार्ग है;
स्वर्गलोक जो कोई निश्चित स्थान नहीं है
स्थल पुराण नहीं है।

स्वर्गलोक पगडंडी के कालपुराण का एक पन्ना है
स्वर्गलोक लौट आने का एक दिन है
लौट आने की महान घड़ी का आस्वाद है
अति सामान्य दिनचर्या का आह्वान
फटे जूते की मरम्मत, कथरी की सिलाई
रुआँसा-रुआँसा मनोभाव, खोया हुआ सपना है।

स्वर्ग मेरा गंतव्यस्थल नहीं है
एक नन्ही घड़ी को प्यार से
छूने में ही मेरा छुटकारा है।

याचना

एक दिन मुलाकात हुई
रास्ता किनारे पान की दुकान के पास
टोकरी की तरह पूरी तरह झुके बैठे बूढ़े से
बीड़ी सुलगा रहा था
पीने से पहले किसी को समर्पित कर रहा था।

फिर एक दिन मुलाकात हुई उससे
उसी जगह बैठा था वह पेवमेंट पर
चाय का गिलास अपने होंठों से लगाने से पहले
समर्पित कर रहा था किसी को।

कोई भी क्यों न हो वह अदृश्य व्यक्ति
वह बूढ़ा उससे क्या माँगता होगा?
कि चाय अधिक पनिया न हो
दुकानदार बहुत कम चीनी न डाले
यह बीड़ी पहले जैसी हैदर बीड़ी जैसी हो!

एक दिन मिला
उसी चाय की दुकान पर पुजारी जी से।
रास्ते में उनसे अक्सर मिलता रहा हूँ।
कन्धे पर गेरुआ अँगोछा
हाथ में पीतल की डोलची में पूजन-सामग्री

चाल में तेजी।
उन्होंने कहा, पाँच-पाँच मन्दिरों में है
देवता पूजने की जिम्मेदारी उनकी
मजाक में कह दिया उनसे, क्या किया जाए
तेंतीस करोड़ देवी-देवता जो हैं हमारे
चायवाले को जल्दी से चाय देने के लिए कह रहे थे
उस समय दुकान पर ग्राहकों की भीड़ थी भारी
देर हो रही थी पुजारी जी को
उनकी खीझ बढ़ती जा रही थी
लगा, मन-ही-मन जरूर भगवान को सुमर रहे होंगे
'हे भगवान, और कुछ घड़ी सबर करो
हे अन्तर्यामी जानते होंगे दोष मेरा नहीं है
सारा दोष इस अज्ञानी दुकानदार का है।'

नहीं चाहता

पहाड़ की कमर में कब से पड़ा हूँ मैं
ऊबड़-खाबड़, बेतरतीब, असुन्दर, एक बड़ा-सा पत्थर
किसने मुझे यहाँ डाला, किसलिए डाला
मैं कुछ नहीं जानता।

तुम मुझे उठा ले जाकर
काट-छाँटकर अपने सुन्दर घर की दीवार पर मत लगाना।
उस पर परिवार का फोटो मत टाँगना;
मन्दिर के फर्श पर दूसरे पत्थरों के साथ मत बिछाना
जिस पर शायद लिख दिया जाए
किसी परिवार का नाम या फिर
सिर्फ एक शब्द 'समर्पण';
मन्दिर आनेवाले असंख्य यात्रियों के
पैरों का बोझ मैं नहीं सह सकता,
पुण्य कमाना नहीं चाहता
'समर्पित' आत्मा बनकर
धूल इकट्ठा करना नहीं चाहता।

मुझे अधिक सुन्दर बनाकर मन्दिर के गात में
कोई आला मत बनाना,
उसमें गणेश, सरस्वती या देवी-देवता
की स्थापना मत करना।

उनके सिन्दूर, धूप, दीप से
मुझे घुटन होगी, मैं मर जाऊँगा।

मुझे अधिक चाहकर
किसी देवता की मूर्ति मत गढ़ना,
गोकुल के कृष्ण कन्हैया
होंठों पर बाँसुरी, सुन्दर मनमोहक सूरत।

मैं छोड़कर नहीं जाना चाहता
उस मुलायम घास को
जिसने मुझे अपने सघन आलिंगन में बाँध रखा है।
छोड़कर नहीं जा सकता
झरने का कल-कल, पक्षियों की चहचहाहट।
उस गीत, उस आलिंगन में
मैं सो जाता हूँ इतिहास-सा
नक्षत्रों को देखते-देखते।

आम का पेड़ और दादी माँ

आम के पेड़, तुझे दादी माँ ने बोया था
उस दिन छोटी-सी गुठली लेकर;
बोकर बैठी थी कोई देवी बैठने की तरह
डोली में, हमारे चबूतरे पर।

उस वक्त धूप ढल रही थी,
शाम हो रही थी।
रोजाना की तरह ऋतुएँ
बेरोकटोक आवाजाही कर रही थीं
बारिश, धूप, ठंड, बसन्त सभी।
उसने पुचकारते हुए मुझे अपने पास बुलाया,
पूछा, 'क्या पढ़ रहा है'
पढ़ाई की किताब अपने स्कूल की,
किताब में दिखाई उनको तसवीर एवरेस्ट की।
कहा यह सबसे ऊँची है।
उनके पोपले मुँह में चाँदनी रात की मुस्कान दिखी
बोली, डोली सबसे ऊँची होती है जो मैं जानती हूँ
उसी में बैठकर तेरे दादा के घर आई थी।

जैसे-तैसे आम के पेड़ तू बड़ा हुआ
हर साल आम देकर भी तू काटा गया,
तेरी देह से लकड़ी की अलमारी बनी

दादी माँ कहती है
रात को वह तेरी साँसें सुनती है उस अलमारी से
उसे सुनाई देता है कोयल का गीत उसी से
वह कहती है, तुझे सपने में देखती है
पहले की तरह खड़ा है एक पेड़
पहले की तरह छिन में बदल जाता है
बैठ जाता है उसकी नींद किनारे
खटिया के पास अलमारी बनकर।

काई लगे घर के चारों ओर
विस्मृति ही विस्मृति पसरी होती है
बसन्त लहराता है घर भर में
पकड़कर लाई गई चिड़िया की तरह
उठते-बैठते दादी माँ रोती है,
कहती है, 'बबुआ रे, मेरे चला-चली का समय हो गया'
उसके बाद तेरी ओर अँगुली दिखाती है,
कहती है, 'देख इस अलमारी को, मेरी दोस्त है
खूब मीठे आम देती थी;
इससे कह दिया है कि
स्वर्ग में भी कम-से-कम कुछ
आम तो मुझे खिलाएगी।'

कपटी समय

समय को ढूँढ़ते फिर रहे हैं
हम दोनों जीवन भर
ढूँढ़ रहे हैं देखने को
उसका रंग, गठन
सुनने को उसका स्वर
छूने को उसका मायावी परदा।

लगता है जैसे बचपन के
लुकाछिपी खेल-सा यह भी एक खेल है,
ढूँढ़ रहे हैं साथियों को
हाथ बढ़ा रहे हैं आसमान की ओर,
शून्य की ओर
छू नहीं पा रहे लक्ष्य को
देख रहे हैं अनदेखे सपने का कल्पित स्वरूप
अनगढ़ी मूर्ति का ढाँचा।
और हमारा यह बचकाना खेल देख
हँसते-हँसते लोटपोट हो रहा है समय
दौड़ते-दौड़ते, ढूँढ़ते-ढूँढ़ते हमारा हाँफना
उसके लिए कुछ भी नहीं
हमारा बचकानापन उसकी नजर में
हास्यास्पद, अबोध्य विस्मय है।

कभी-कभी पूछा है हमने आपस में
कहाँ छुपा बैठा है वह?
पत्ते के हरेपन में, फूल की कोमलता में
सोहर की आग में, मरघट की चिता में?
पोते-पोतियों की तोतली बातों में या
दादा जी की निष्प्रभ आँखों में?

तुम कोई और हो

कहाँ हैं आप अभी?
शायद घूम रहे होंगे किसी अनजान शहर में
अनजान सड़कों पर, किसी गाँव, जनपद
खेत-खलिहान, या किसी मन्दिर के अहाते में
फेरा लगाकर एक दीया जला रहे होंगे
किसी देवता के आगे।

या फिर बैठे होंगे मन मारे
किसी नदी किनारे
सूर्यास्त का लाल रंग क्या पेड़-पौधों को रँगकर
पसर गया है उस नदी के पानी पर;
दिवास्वप्न में या फिर चेतन-अवचेतन के
दो राहे पर चाय का कप ले रहे होंगे
किसी के हाथ से आसन्न साँझ में।

निकट अतीत, बीता कल और परसों
तिलभर याद नहीं होगा, जबकि शायद
साफ-साफ दिख रहा होगा सुदूर अतीत
सरसों, मूँग की क्यारियाँ, गाँव का रास्ता
फाइल में लिखी सारी बातें
सुनाई दे रहे होंगे चिड़ियों के तरह-तरह के गीत।

विशाल होने के बावजूद
बहुत ज्यादा बड़ी नहीं है यह दुनिया
कौन जाने अचानक तुमसे मुलाकात हो जाए
परछाईं की तरह डगमगाते चले जा रहे होंगे
किसी अनजाने गाँव के रास्ते की तपती रेत पर
या दशहरे के बाजे-गाजे से गूँजते हमारे शहर में
या हमें देख रहे होंगे
एक दुर्बल नक्षत्र बन
साँझ के आकाश में।

•

तुम मुझे शब्द दो

तुम मुझे शब्द को
मैं तुम्हें नीरवता दूँगा
दीक्षा गुरु बनकर
शान्त बैठने का मंत्र सिखाऊँगा।

तुम मुझे शब्द दो
छोटे बच्चों के खेल में 'लोगो'
या रंग-बिरंगे 'ब्लॉक' की तरह
मैं उन्हें तरह-तरह से सजाऊँगा
वास्तुकार हूँ मैं, एक-एक गिने गए शब्द
अनायास ही मेरी आत्मा का वर्णन करेंगे।

तुम मुझे शब्द दो
अक्षय है वह बीज
उस बीज को बोऊँगा मैं
धुधुआती धूप में, सूखे ऊसर बंजर रेगिस्तान में
सारी की सारी यंत्रणाएँ, विषाद
मंत्रित जल की तरह छींट दूँगा
उस मिट्टी पर।
देखना कैसे बीज अंकुरित होंगे चुपचाप
सूर्य की ओर देखकर
दो नन्हे पत्ते पसार देंगे,

उसके लिए तैयार हो जाओ,
आँखें खुली रखो
पागलों की तरह दौड़-धूप बन्द करके
तनिक बैठ जाओ। नहीं रहा अब अधिक समय
उस अमृत लग्न के लिए;
कान खुले रखना, यदि सुनना चाहते हो
प्रणव ओंकार की तरह
उन नवजातकों का कुआँ-कुआँ स्वर।

तुम मुझे शब्द दो
मैं तुम्हें नीरवता दूँगा
बिना कुछ कहे भी
सबकुछ कहने का मंत्र सिखाऊँगा,
तुम मुझे शब्द दो...।

भय

दोनों पोते देखेंगे
देखकर खुशी से नाच उठेंगे सोच
चुपचाप बैठी रंगीन तितली को
पकड़ने ही वाला था कि वह उड़ गई
एक फूल से दूसरे पर।

इस बार बिना आहट के
खूब धीरे-धीरे जाकर
उसके दो पंखों को पकड़ लिये अँगुलियों से
उसकी देह से जरा-सा इन्द्रधनुषी रंग लेकर
वह जिस फूल पर बैठी थी
उसको बड़े जतन से तोड़कर
छोटे से काँच पात्र में रखकर
ढक्कन थोड़ा-सा खुला छोड़ दिया
ताकि हवा आ-जा सके बेरोकटोक।

याद रखा
स्कूल से लौटने पर वे दोनों,
उन्हें ही सबसे पहले दिखाऊँगा
बहुत खुश होंगे!

भुलक्कड़ मन भूल गया
अगले दिन सुबह वह लाचार तितली

याद आई, मैं बेहद डर गया।
भागा उस ओर
पर अब वह न थी
उसके दो रंगीन पंख कुछ हिलते से लगे
डर बढ़ गया।

फूलों के साथ उस 'सपने' को
तितली की मृतदेह के साथ बाहर निकालकर
पोतों को दिखाया
हाथ से छूकर पल भर देखने के बाद
''डर लगता है'', कहा और
दौड़ते हुए भाग गए।

सोमालिया, दो चित्र

[1]

शादी से पहले व्यभिचार
दैहिक सम्बन्ध और गर्भाधान!
अल्लाह के आदेशानुसार
उस लड़के को खूँटे से बाँधकर
पत्थरों से मार-मारकर मार डाला।
गर्भवती लड़की को दी कुछ रियायत
पेट का बच्चा पैदा होने तक;
उसके बाद बारी थी उसकी
पत्थर दर पत्थर चोट खाकर लुढ़क जाने को
वह नहीं बचेगी कुआँ-कुआँ करते
अपने बच्चे के मुँह में दूध झरता
स्तन डालने को।
प्रसव की पीड़ा सहकर
मातृत्व की हल्की-सी मुस्कान बिखेरकर
नवजातक की ओर पलभर देखने को।

[2]

बाईदोआ एक अनजान गाँव का नाम
अब लिपिबद्ध है इतिहास के पन्नों पर
अनाहार, पेट में दाना तक न गए
हजारों अधमरे इनसान

फिर भी एक-दूसरे को मारने-काटने के चित्र
लगातार चल रहे गृहयुद्ध में।

उनके बीच एक नारी
दोनों स्तन लटके ठीक रस्सी जैसे
हड्डियों पर मानो चमड़ी लिपटी है
गोद में तीन साल का बच्चा
जिन्दा है या मरा हुआ, समझना मुश्किल है
अधमरी चिड़िया-सी
मदर मैरी की गोद में यीशू
'पिएता' अर्थात् करुणा की तसवीर
पश्चिमी देश के हजार सालों के
सारे चित्रकारों और वास्तुकारों के चित्र और वास्तु
'पिएता' 'पिएता' उनके साथ
बाईदोआ की यह 'पिएता'
नई जुड़ गई है
मानो नअंक* के दुर्भिक्ष की तसवीर
का वर्णन फकीरमोहन** कर रहे हैं।

* नअंक दुर्भिक्ष : ओड़िशा का सबसे बड़ा दुर्भिक्ष।
** फकीरमोहन : ओड़िशा के सुप्रसिद्ध कथाकार फकीर मोहन सेनापति।

स्वर्ग

बादलों के इलाके में कोई गाँव नहीं है
जिसके किनारे शान्त नदी बहती होगी
जहाँ तुम्हारा एकमात्र काम होगा
बाँसुरी बजाना
या अनभूली सौन्दर्य मंडित
अप्सराओं को देखना
या फिर चैन से आसमान की ओर ताकते हुए
बैठे-बैठे जमुहाई लेना।

वहाँ भले ही चकिया पीसना न पड़े पर
सामने तरह-तरह के काम पड़े होंगे,
खास तुम्हारे ही इन्तजार में;
उनमें से कुछ होंगे नितान्त जरूरी
जैसे बूढ़ी माँ के लिए
तुरन्त बुलाना होगा
दिव्यज्ञान सम्पन्न धन्वंतरी को
लग रहा होगा
वह अब गई, तब गई।

दूर देश में बसे बच्चों को
ई-मेल तो भेजना ही होगा
किसी का जन्मदिन तो

किसी की शादी की सालगिरह
इनके अलावा काफी दिनों से सोचते हुए
अभी तक न कर पाए कई काम :
अपने लिए एक जोड़ी सुन्दर जूते या खड़ाऊँ
अभी जो जूते हैं उनसे
अँगूठे बाहर निकल आए हैं;
सावित्री पूजा आ रही है
पत्नी के लिए एक कामचलाऊ साड़ी
बच्चों की जिद है, मर गए प्यारे कुत्ते की जगह
एक और सुन्दर पिल्ला चाहिए
युधिष्ठिर के साथ मर्त्यलोक से आए
श्वान का वंशधर।

सीखना तो होगा काफी कुछ :
प्रेम की नई भाषा,
गुस्सा होने, दुख सहने की नई शैलियाँ
छल, द्वेष और ईर्ष्या के स्पष्ट संकेत;
थोड़ा डर आसन्न बुढ़ापे का
उससे अधिक
सुवासित स्वर्गीय मृत्यु का।

नदी तो बस बह रही थी

कल नहीं था मैं
इस दुनिया में
था सिर्फ माँ के सपने में।

नदी तो बस बह रही थी
अपनी राह, अपनी इच्छा से;
आकाश, तारे, चाँद
सामने आईना पाकर
उसके पानी में चेहरा देख रहे थे
दूर दिगन्त के उस पार से
मानो कोई उस शब्दहीन शब्द से
नदी को पुकार रहा था।

रात की दो चिड़ियाँ
खास उसी के लिए
सरल संगीत गा रही थीं
क्षीण आशा की तरह
मनभावन तरल सपने में,
पर मैं नहीं था
माँ का सपना साकार होने में
अब भी देर थी।

कल मैं नहीं होऊँगा
इस मलिन धरा पर
नदी तो बस बह रही होगी
साँप-सी, रास्ता बनाती, बलखाती
सुनी होगी उसने उसे बुलाते
सागर की धीमी पुकार
अपने दुख में उसके किनारे बसा छोटा-सा गाँव
उसी तरह खड़ा होगा
अक्लान्त चन्द्रमा, असंख्य तारों का
आईने में मुँह देखना
अब तक खत्म नहीं हुआ होगा
पेड़ की डाल पर
रात की दोनों चिड़ियों का गीत
अब भी कुछ बचा होगा।

हाथ बढ़ाते ही बैकुंठ

[1]

पिताजी के स्वर में
ऊँ भूर्भुवः स्वः ...सुनते हुए
इस भूलोक, द्युलोक के पार स्वर्गलोक
पहुँचना दुष्कर है
यह बात मेरे मन में घर कर गई थी।

काफी कुछ करने के बाद ही
वहाँ पहुँचा जाता है
सत्य धर्म आचरण
अभ्यास वैराग्य
ज्ञान, कर्म, भक्ति, अनासक्ति
गौ माता की सेवा से लेकर
दरवाजे से भिखारी खाली हाथ
न लौट जाने तक।

[2]

रात की मूसलाधार बारिश
रुक चुकी थी
लॉन की घास पर
उसका तेज और कर्कश आघात
साफ झलक रहा था।

हठात् दिखाई दिया
पूरी तरह गीला भरदुल पक्षी का एक बच्चा
एक-एक डग बढ़ा रहा है उस घास पर
मेरे प्रिय नागचम्पा के पेड़ की ओर।

उस भरदुल पक्षी की लाल आँखें देखी थीं;
सारी रात नौटंकी देखकर गाँव के मेले में
वैसी ही आँखें कभी मेरी भी हुई थीं;
कहीं घने पत्तों के बीच से
उसकी पुकार भी सुनी थी।

किन्तु इतने पास से
इतनी खामोशी से
बारिश से धुली इतनी साफ सुबह
भरदुल पक्षी के बच्चे का ठुमक-ठुमककर
घुटरुन चलना नहीं देखा था।

मैं कतई नहीं जानता था
हाथ बढ़ाते ही
छुआ जा सकता है स्वर्गलोक।

○○○